NARROW Homes
Compact Living

© 2023 Instituto Monsa de ediciones.

First edition in September 2023 by Monsa Publications,
Carrer Gravina 43 (08930) Sant Adrià de Besós.
Barcelona (Spain)
T +34 93 381 00 93
www.monsa.com monsa@monsa.com

Editor and Project director Anna Minguet
Art director, layout and cover design
Eva Minguet (Monsa Publications)
Printed by Cachiman Grafic

Shop online:
www.monsashop.com

Follow us!
Instagram: @monsapublications

ISBN: 978-84-17557-69-0
B 15405-2023

NARROW Homes
Compact Living

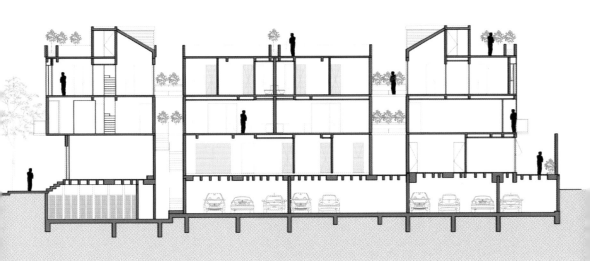

monsa

INTRO Introducción

This book explores the fascinating and eminently necessary world of narrow dwellings worldwide. A careful selection of international projects shows how architects and designers have faced the challenge of creating functional and aesthetically pleasing homes in limited spaces.

Each project includes high-quality photographs, plans, and detailed descriptions that enable the reader to understand the design decisions and practical considerations behind each home. In addition, the advantages of this type of building, such as energy efficiency and adaptability to different environments and needs, are discussed.

From the choice of materials to optimising storage and lighting, and with a holistic approach, this book offers a unique and valuable insight into how architecture can adapt and thrive in a world increasingly aware of the importance of space and sustainability in designing compact and efficient dwellings.

En este libro exploramos el fascinante y eminentemente necesario mundo de las viviendas estrechas alrededor del mundo. A través de una cuidadosa selección de proyectos internacionales, se demuestra cómo los arquitectos y diseñadores han afrontado el desafío de crear hogares funcionales y estéticamente agradables en espacios limitados.

Cada proyecto incluye fotografías de alta calidad, planos y descripciones detalladas que permiten al lector comprender las decisiones de diseño y las consideraciones prácticas detrás de cada vivienda. Además, se abordan las ventajas de este tipo de edificaciones, como la eficiencia energética y la adaptabilidad a diferentes entornos y necesidades.

Desde la elección de materiales hasta la optimización del almacenamiento y la iluminación, y con un enfoque global, este libro ofrece una visión única y valiosa de cómo la arquitectura puede adaptarse y prosperar en un mundo cada vez más consciente de la importancia del espacio y la sostenibilidad en el diseño de viviendas compactas y eficientes.

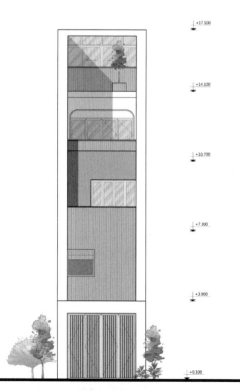

+17.100

+14.100

+10.700

+7.300

+3.900

+0.100

INDEX Índice

BROOKLYN PASSIVE TOWNHOUSE

Sarah Jefferys

Location Brooklyn, New York, United States **Photographs** © Morten Smidt **Website** www.sjdny.com

This semi-detached residence was transformed into a passive house featuring a new contemporary style rear façade. An irregular cedar louvred screen extends over the glass rear façade to modulate light and views of the neighbourhood.

Inside, a series of custom details and finishes complete a unique and contemporary design. The interior of the original building was renovated, creating an airtight, fully insulated exterior envelope incorporating triple-glazed windows. The additional insulation provided by the neighbouring townhouses allowed a larger glazed area to be installed than in a standard passive house, ensuring an open, airy and energy efficient home. The passive design offers all the aesthetic and functional comforts the owners were looking for, as well as providing energy efficiency, improved indoor air quality and a quiet, healthy home.

Esta vivienda adosada fue transformada en una casa pasiva que presenta una nueva fachada posterior de estilo contemporáneo. Una pantalla irregular de lamas de cedro se extiende sobre la fachada trasera de vidrio para modular la luz y las vistas del vecindario. En el interior, una serie de detalles y acabados personalizados completan un diseño único y actual.

El interior del edificio original fue renovado, creándose una envolvente exterior hermética y completamente aislada que incorpora ventanas de triple acristalamiento. El aislamiento adicional que proveen las casas adosadas vecinas permitió instalar una mayor superficie vidriada que en una casa pasiva estándar, asegurando así un hogar abierto, aireado y de bajo consumo. El diseño pasivo ofrece todas las comodidades estéticas y funcionales que buscaban los propietarios, además de proporcionar eficiencia energética, una mejor calidad del aire interior y un hogar tranquilo y saludable.

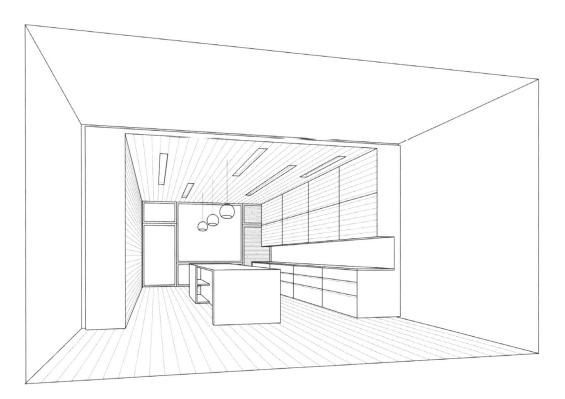

Perspective

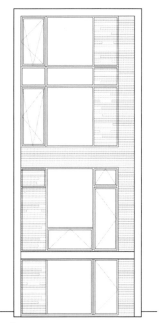

Rear elevation

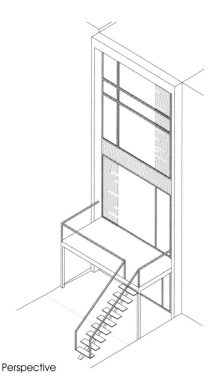

Perspective

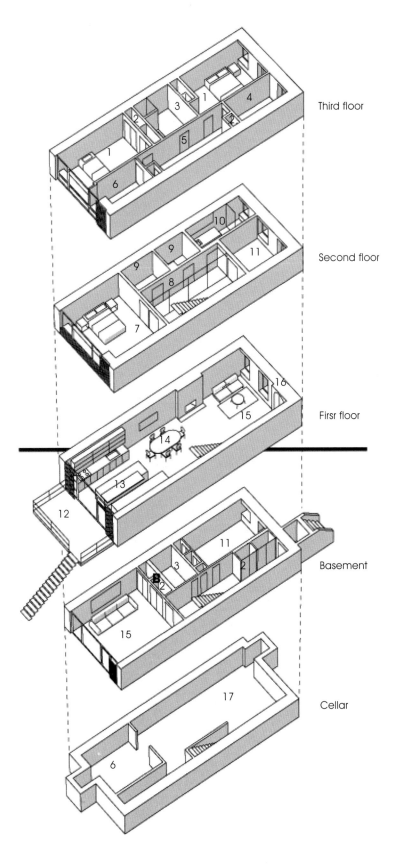

Third floor

Second floor

First floor

Basement

Cellar

Axxonometry

1. Bedroom
2. Closet
3. Bathroom
4. Den
5. Hallway
6. Mechanical
7. Master bedroom
8. Corridor
9. Walk-in closet
10. Master bathroom
11. Office
12. Deck
13. Kitchen
14. Diningarea
15. Livingarea
16. Entrance
17. Storage

VOID+
Studio Pousti

Location Tehran, Iran **Photographs** © Parham Taghioff, Deed studio **Design Team** Melika Dezvarei, Sepehr Jafari, Amir Bakhshi, Soheil Shadi **Project Manager** Maryam Pousti **Structural Engineer** Sajadian Engineers **Website** www.studiopousti.com

Through drastic rebuilding over 4 decades, Tehran has gone from a city of infinite gardens with single-family dwellings, to a city of infinite apartment blocks. In a purely economically-driven construction process, the relationship between buildings and their urban fabric are lost. As memories of place are wiped out, a metropolis with no stories left to tell takes shape. This is Tehran's current cityscape. VOID+ is a residential scheme developed by architect Maryam Pousti.

The building is located in the Northern part of Tehran, Iran. It strives to offer an alternative to conventional models of habitation and dense urban living, which has resulted in closed-up building envelopes that lack a dialogue with their context. Situated on an extremely narrow site, VOID+ consists of 10 units on 5 Floors. The striking feature of the project is an intimate void strategically carved in to the north façade in an attempt to engage the building with its periphery. The massing of the void creates a vertical flow between the skyline of the building and its feet.

The main entrance is defined by the particular moment when the verticality of the void turns in to a horizontal plain stretched 20 meters along the length of the building. This horizontal platform connects the street level to the back garden. The aim is to re-define the building's territory, and to assimilate a single-family house that expands into its surroundings without the interference of rigid borders.

The interior layouts of the building reveal a deep structural and volumetric connection to the façade; a vocabulary that is used throughout the project. The juxtaposed volumes of the void offer playfulness through shifting perspectives and views, allowing the interior and exterior boundaries to be experienced simultaneously. The Hide-and-seek between inside and outside takes place through the interplay of solid and void, challenging notions of exposure and privacy.

There are two units on each floor; rendering noise and privacy as driving forces in the positioning of a rectangular stairwell, which acts as a buffer to prevent sound and direct visual contact between the units. Each unit sits around an intimate balcony, which is perceived as an interior garden.

Mediante una reconstrucción radical a lo largo de cuatro décadas, Teherán ha pasado de ser una ciudad de interminables jardines con casas individuales a una ciudad de interminables bloques planos. En un proceso de construcción puramente económico, se pierde la relación entre los edificios y su tejido urbano. A medida que se borran los recuerdos del lugar, toma forma una metrópolis sin historias que contar. Así es el paisaje urbano actual de Teherán. VOID+ es un proyecto residencial desarrollado por la arquitecta Maryam Pousti.

El edificio está situado en la parte norte de Teherán (Irán). Pretende ofrecer una alternativa a los modelos convencionales de vivienda y vida urbana densa, que han dado lugar a envolventes de edificios cerrados que no interactúan con su contexto. Ubicado en un solar extremadamente estrecho, VOID+ consta de 10 unidades repartidas en 5 plantas. La característica llamativa del proyecto es un vacío íntimo tallado estratégicamente en la fachada norte en un intento de relacionar el edificio con su periferia. La masa del vacío crea un flujo vertical entre el horizonte del edificio y sus pies.

La entrada principal está definida por el momento particular en el que la verticalidad del vacío se convierte en un plano horizontal que se extiende 20 metros a lo largo del edificio. Esta plataforma horizontal conecta el nivel de la calle con el jardín trasero. El objetivo es redefinir el territorio del edificio y asimilar una casa unifamiliar que se expande en su entorno sin la interferencia de bordes rígidos.

El equipamiento interior del edificio revela una profunda conexión estructural y volumétrica con la fachada; un vocabulario que se utiliza en todo el proyecto. Los volúmenes yuxtapuestos del vacío ofrecen un juego a través de perspectivas y vistas cambiantes, permitiendo experimentar simultáneamente los límites interiores y exteriores. El juego del escondite entre interior y exterior se desarrolla a través de la interacción de llenos y vacíos, desafiando las nociones de exposición y privacidad.

Hay dos unidades en cada planta; haciendo que el ruido y la privacidad sean los motores en el posicionamiento de una escalera rectangular, que actúa como amortiguadora para evitar el contacto sonoro y visual directo entre las unidades. Cada unidad se asienta alrededor de un balcón íntimo, que se percibe como un jardín interior.

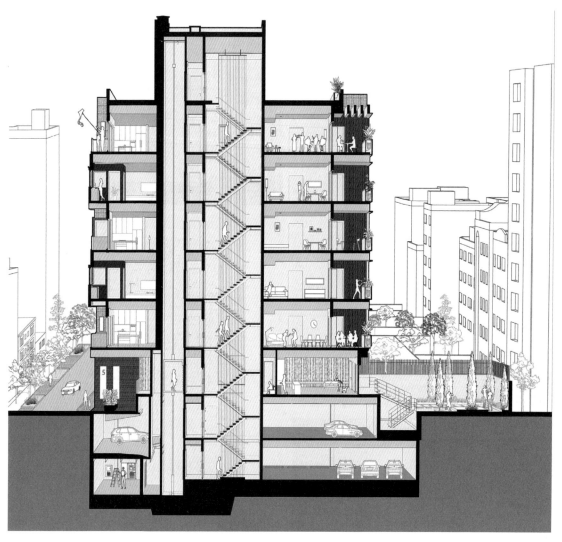

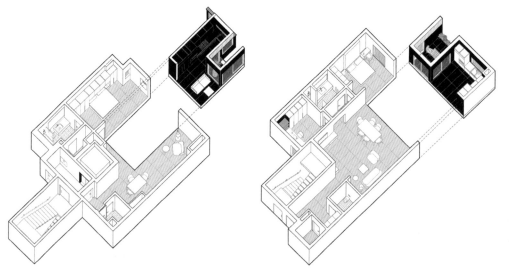

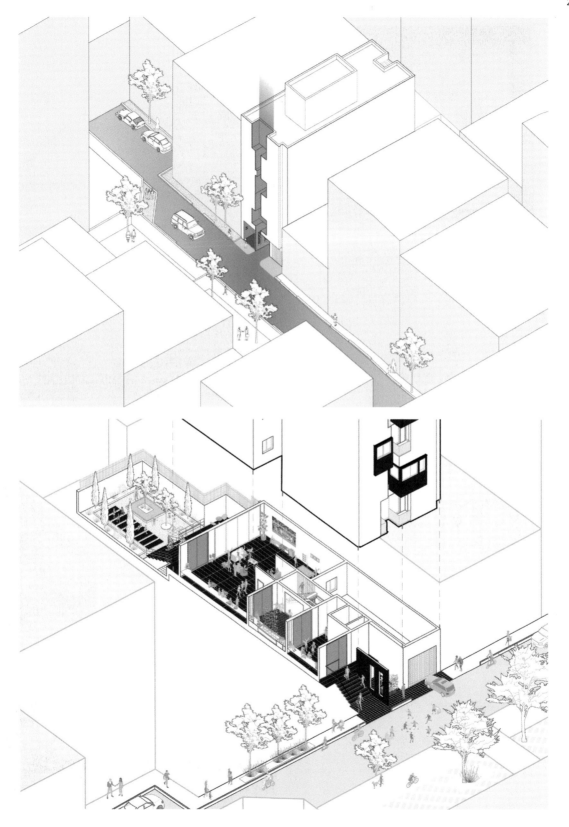

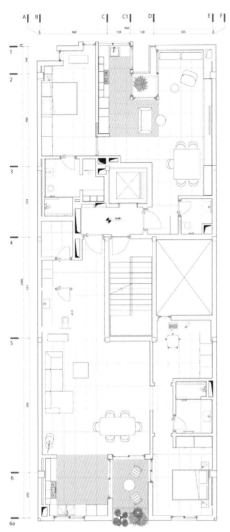

VICTORIAN TERRACED TOWNHOUSE
LLI Design

Location Highgate, London, UK **Surface area** 256 m² **Photographs** © Richard Gooding
Website www.llidesign.co.uk

Historic Highgate is filled with beautiful period family homes, and this one was no exception. Perched at the top of Highgate Hill, commanding enviable views across London, this 1860s house forms part of a terrace. The townhouse sits within the Highgate Conservation area, so any architectural amendments had to be approached in a sensitive manner.

Although the brief was to keep the period feel of the building, it also required that a contemporary individual aesthetic should be overlaid in order to create easy open plan living spaces that worked for a modern lifestyle.

The house was tall and narrow, but had the advantage of being a quite long front to back. A major design problem which had to be addressed in the overall scheme was how to make the property feel visually more expansive laterally.

To answer the brief, the existing layouts required a total redesign, with careful consideration required to how the dynamics and flow of the spaces would feel. The direction adopted throughout was eclectic, with elements of mid-century, contemporary, industrial, and traditional styling all coming together.

Amended Layout:
In reconfiguring the property for family living, it was decided to amend the layout as follows.

On the Lower Ground Floor, a boot room was created by dividing off a section at the front, which allowed for plenty of storage for everyday coats and shoes. It also had the advantage that it could be accessed from the street via the basement light well, making it ideal for everyday family use. The boot room connected to the open plan kitchen, dining, and family living area, which in turn opened onto the garden at the rear of the property.

The Upper Ground Floor was completely reconfigured by way of removing the corridor between the rooms, which freed up valuable space width-wise. A smaller entrance hall, opening onto the formal living/dining room that led onto a new contemporary conservatory, was created, for which planning permission was sought and granted to replace the existing conservatory.

El histórico barrio de Highgate está lleno de hermosas casas familiares de época, y esta no fue la excepción. Situada en lo alto de Highgate Hill, con unas vistas envidiables de Londres, esta casa de la década de 1860 forma parte de una terraza. La casa adosada se encuentra dentro del área de conservación de Highgate, por lo que cualquier enmienda arquitectónica tuvo que abordarse con delicadeza.

Aunque la consigna era mantener la sensación de época del edificio, también requería que se superpusiera una estética individual contemporánea para crear espacios habitables de planta abierta que funcionaran para un estilo de vida moderno.

La casa era alta y estrecha, pero tenía la ventaja de ser bastante larga de adelante hacia atrás. Un problema de diseño importante que tuvo que abordarse en el esquema general fue cómo hacer que la propiedad pareciese visualmente más expansiva lateralmente.

Para responder a esto, los diseños existentes requirieron ser totalmente rediseñados, con la cuidadosa consideración sobre qué aspecto tendría la dinámica y el flujo de los espacios. La dirección adoptada en todo momento fue ecléctica, con elementos de estilo de mediados de siglo, uniendo lo contemporáneo, industrial y tradicional.

Diseño modificado:
Al reconfigurar la propiedad para la vida familiar, se decidió modificar el diseño de la siguiente manera:

En la planta baja, se creó un ropero dividiendo una sección en la parte delantera, lo que permitió mucho espacio de almacenamiento para los abrigos y zapatos de uso diario. También tenía la ventaja de que se podía acceder desde la calle a través del pozo de luz del sótano, lo que lo hacía ideal para el uso familiar diario. El ropero conectaba con la cocina abierta, el comedor y la sala de estar familiar, que a su vez se abría al jardín por la parte trasera de la propiedad.

El entresuelo se reconfiguró por completo eliminando el pasillo entre las habitaciones, despejando así un valioso espacio a lo ancho. Se creó un vestíbulo de entrada más pequeño, que se abría a la sala de estar/comedor que conducía a un nuevo invernadero moderno. Para este invernadero, se solicitó y concedió permiso de planificación para reemplazar el ya existente.

The footprint of the Upper Ground Floor was increased by extending out over the Lower Ground Floor where the building returned. The traditional sash window was replaced with a full height, full width, a fixed window allowing for long views of the garden. The impact of extending this small area allowed for better flow in the dining room, making the space feel more comfortable and cohesive.

The First Floor was re-configured into a master suite, consisting of a master bedroom, dressing room, and ensuite bathroom.

The Second Floor was reconfigured to create 2 bedrooms and a family bathroom, and featured a sizable utility cupboard.

The Third Floor was re-configured with a guest bedroom, home office, and a shower room.

La huella de la planta baja superior se incrementó al extenderse sobre la planta baja inferior. La ventana de guillotina tradicional se reemplazó por una ventana fija de altura completa y ancho completo que permite vistas amplias del jardín. El impacto de ampliar esta pequeña área permitió un mejor flujo en el comedor, haciendo que el espacio tuviese un aspecto de mayor comodidad y cohesión.

La primera planta se convirtió en una suite principal, que consta de un dormitorio principal, vestidor y baño privado.

La segunda planta se reconfiguró para crear 2 dormitorios y un baño familiar, y contó con un armario de utilidad considerable.

La tercera planta se convirtió en un dormitorio de invitados, un despacho y un baño con ducha.

The second floor was re-designed as a childrens' floor, consisting of a shared bedroom, a family bathroom, and a toy room. A bespoke full height utility cupboard consisting of a washer, dryer, heated airing cupboard, and storage for linen baskets was cleverly tucked behind sliding paneled doors on the landing.

The childrens' bathroom was kept light and crisp using simple white metro tiles on the walls and small hexagonal tiles on the floor, which were picked out using a dark grey grout. A large double vanity unit was specified with plenty of storage below, and 2 no. round grey framed mirrors hung above. Additional storage was provided by a mirrored wall cabinet above the WC. A simple black and white framed poster helped personalize the space.

The childrens' bedroom was bright, colourful, and relaxed, and featured a bespoke, fun, floor-to-ceiling climbing wall, as well as a huge world map wallpaper.

El segundo piso fue rediseñado como un piso para los niños, que consta de un dormitorio compartido, un baño familiar y una sala de juegos. Un armario hasta el techo hecho a medida que consta de lavadora, secadora, un armario para el calentador/caldera y para almacenaje de ropa de cama se colocó ingeniosamente detrás de las puertas corredizas con paneles en el rellano.

El baño de los niños se mantuvo con un aspecto iluminado y juvenil usando sencillos azulejos blancos de un metro en las paredes y pequeños azulejos hexagonales en el suelo, en tono gris oscuro. Se instaló un mueble de lavabo doble con amplio espacio de almacenamiento por debajo y 2 espejos redondos con marco gris colgados encima de cada lavabo. Un armario de pared con espejo sobre el inodoro proporcionó almacenamiento adicional. Un simple póster enmarcado en blanco y negro ayudó a personalizar el espacio.

El dormitorio de los niños era luminoso, colorido y transmitía sensación de relajación. Tenía un divertido muro de escalada que iba del suelo al techo, hecho a medida, así como un enorme papel tapiz con un mapa del mundo.

THAO DIEN TOWNHOUSE
Story Architecture

Location District 2, Ho Chi Minh city, Vietnam **Surface area** 90 m² **Photographs** © Minq Bui
Website www.storyarchitecture.vn

- A married couple, their 4-year-old son, and the grandmother live in the house.

- The owner currently lives in an apartment, but because the apartment space does not meet the comfortable living of the family of 3 generations living together, the mischievous son likes to run and jump, the grandmother is old and difficult. commuting, and the story of the grandmother and the shippers delivering groceries to the market, buying food, it is very difficult to get in and out of the apartment to receive the goods, the couple needs a lot of private space to relax and work.

- So the owner decided to sell the apartment to buy land and build a house, to create more indoor activity space for the little ones, and to make it easier for the grandmother to live alone at home. And husband and wife have a lot of private space.

- To meet the requirements of the homeowner, the architect offers many solutions, to meet the needs of everyone, while still ensuring the connection in the family, and the living space is open.

- In order for her not to have to clean the stairs, we arranged her bedroom to be on the ground floor, while the usual worshiping items we put on the top were the terrace, for grandmother's convenience. I arranged it right next to the bedroom, still dignified and cozy, avoiding taboo, upstairs there was a space for potted plants.

- Knowing that Grandma often works in the kitchen space, so I designed a beautiful kitchen space. Although the townhouse has a narrow space, it is still a priority to place the bar kitchen in the center of the house and arrange a spacious area, above the kitchen there is a large skylight to create ventilation and get sunlight for the kitchen surface. Used for the kitchen. always dry. And through the floor hole from the kitchen position can connect to the upper floors to create a connection between generations, and the dining space combining TV and relaxing sofa is a diverse and interesting living space.

- En la casa vive un matrimonio, su hijo de 4 años y la abuela.

- El propietario vive actualmente en un apartamento debido a que el espacio del mismo no cumple con la vida cómoda de una familia de 3 generaciones que vive junta: al hijo travieso le gusta correr y saltar, la abuela es anciana y se mueve con dificultad, a eso se le añaden los viajes diarios, los transportistas entregando alimentos... resulta muy difícil entrar y salir del apartamento para recibir los productos; la pareja necesita mucho espacio privado para relajarse y trabajar.

- Así pues, el propietario decidió vender el apartamento para comprar un terreno y construir una casa, creando más espacio de actividad interior para los más pequeños y facilitando que la abuela viviera sola en casa. Y, de esta manera, marido y mujer tienen mucho espacio privado.

- Para cumplir con los requisitos del propietario, el arquitecto ofrece muchas soluciones que satisfagan las necesidades de todos, al mismo tiempo que garantiza la conexión en la familia y el espacio habitable está abierto.

- Con el fin de que la abuela no tuviese que subir escaleras, lo dispusimos de tal manera para que su dormitorio estuviese en la planta baja. Además, los elementos habituales de adoración los pusimos en la parte superior, en la terraza, para comodidad de la abuela. Lo dispuse justo al lado del dormitorio, aportando un aspecto decoroso y acogedor. Arriba había un espacio para macetas.

- Sabiendo que la abuela a menudo pasa mucho tiempo en la cocina, diseñé un bonito espacio. Aunque el adosado tiene un espacio estrecho, sigue siendo una prioridad colocar la encimera de la cocina en el centro de la casa y disponer un área espaciosa. Encima de la cocina hay un gran tragaluz que aporta ventilación y luz solar sobre toda la superficie. Y a través del orificio del piso desde la posición de la cocina se puede conectar a los pisos superiores para crear una conexión entre generaciones. El espacio del comedor que combina la TV y un sofá relajante es un espacio de vida diverso e interesante.

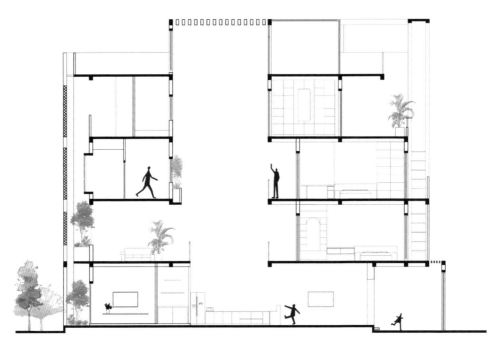

Section

- One-way stairs and long corridor are opened to a skylight to create a climbing space for the little boy, sacrificing the area to create courtyards for children to play anywhere in the house.
- The bedrooms exposed to the outside and exposed to the inside of the skylight are made of walls and glass doors to maximize light and wind. Make the house light and relaxing.

- Las escaleras de un solo sentido y el largo pasillo se abren a un tragaluz para crear un espacio de escalada para el niño pequeño, sacrificando esa zona con el fin de crear patios para que los niños jueguen en cualquier lugar de la casa.
- Los dormitorios expuestos al exterior y al interior del tragaluz están hechos de paredes y puertas de cristal para maximizar la luz y el viento. Así se consigue que la casa resulte ligera y relajante.

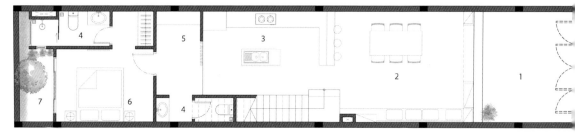

Ground floor plan

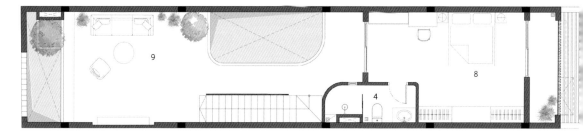

1ST floor plan

1. Front yard
2. Dining
3. Kitchen
4. WC

5. Altar
6. Grandma bedroom
7. Back yard
8. Master Bedroom
9. Common area

- With the façade, instead of we will have to attach the balcony to the longest possible to take advantage of the area, we do the opposite, the block is slowly moved back each floor to make the house airy and spacious. Increase the area to get light for the bedroom, combined with the fake wood-plastic system to create the luxury of the house.

- Con la fachada, en vez de adherir el balcón lo máximo posible para aprovechar la zona, hicimos justo lo contrario: el bloque se echó un poco hacia atrás en cada planta para que la casa resultase aireada y espaciosa. Se amplió el área de iluminación de la habitación, combinándolo con el falso sistema de madera plástica para crear esa sensación de lujo en la casa.

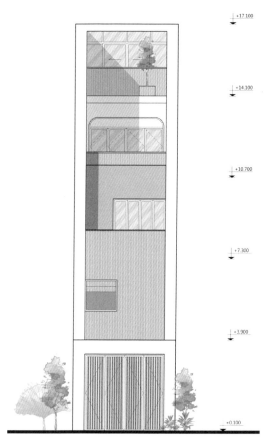

Elevation

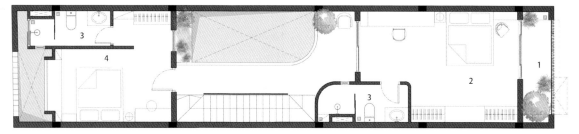

2ND floor plan

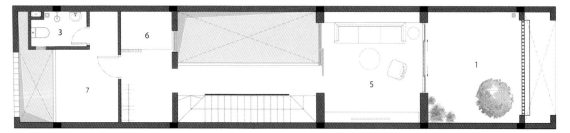

3RD floor plan

1. Balcony
2. Guest bedroom
3. WC
4. Kid bedroom
5. Karaoke
6. Maid bedroom
7. Laundry

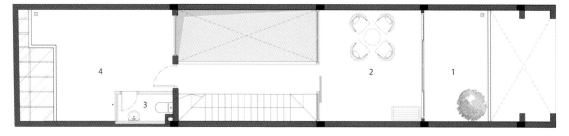

Rooftop plan

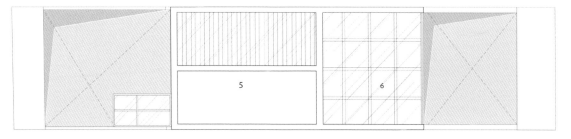

Roof plan

1. Balcony   4. Garden
2. Rooftop   5. Concrete roof
3. WC   6. Glass roof

ANH TU HOUSE
Story Architecture

Location Linh Trung Ward, Thu Duc City, Vietnam **Surface area** 87 m² **Photographs** © Minq Bui
Website www.storyarchitecture.vn

The house is located in a small alley, with many large Sala trees that have been planted for a long time, the house is for a married couple and their young daughter.

- The owner is a nature lover who likes to take care of bonsai, So the architect advises to sacrifice a corner of the house that is not built to keep the existing Sala tree, both a souvenir and a shade from the west for the house.

- Proper ventilation for the house also takes a lot of effort. With the cultural lifestyle of the houses in the alley, the frequent exchanges of the owners, so the unscrupulous atrium will lose the privacy of the bedrooms of the floors.

- To make the house both airy and have a connection between floors. But still ensure privacy when neighbors pass by, architects advise technical solutions with 3 combined treatment tips. The design of the house is separated from the floor, the skylight is located in two different positions, the stairs rotate. The solutions help bring light and nature into the house but still ensure the privacy of the living room when neighbors come to play. The Parent Room and the Child Room are on two different floors, but the Ladder and the Dynamic Floor make the movement closer, while the Upper Floor makes the two rooms see each other, exchange easily and create a sense of harmony. connecting space and people.

- The doors to the bedroom make the large glass door system open to the attic space inside to create ventilation and light, combined with curtains that can open and close the space flexibly, having a connection with nature and the environment. connect. connect. Parents and children, but when needed, draw the curtain for privacy, very mobile.

- The interior is simply designed to create a sense of lightness and spaciousness of the house. With the main white tone and mixed with mango wood color to have a cozy feeling, combining natural light and green patches alternating the bedroom aisle and hallway creates a harmonious balance for a holiday space. rest and work.

- The front of the house is located to the west, so a white painted iron bar system should be used to create a sense of lightness and green trees to reduce the pressure of the sun. At the same time there is also privacy for the bedrooms located on the front.

La casa está ubicada en un callejón pequeño, con grandes árboles Sala que han sido plantados a lo largo de mucho tiempo. La casa es para una pareja casada y su hija pequeña.

- El propietario es un amante de la naturaleza al que le gusta cuidar de los bonsáis, por lo que el arquitecto aconseja sacrificar un rincón de la casa que no está construido para mantener el árbol Sala existente.

- La adecuada ventilación de la casa también requiere mucho esfuerzo. Teniendo en cuenta el estilo de vida cultural de la gente que vive en las otras casas del callejón y los intercambios frecuentes de los propietarios, el descarado patio perdería la privacidad de los dormitorios en cada planta.

- Para que la casa esté bien ventilada y tenga una conexión entre los pisos, pero aún así garantizar la privacidad cuando los vecinos pasen por delante, los arquitectos recomiendan soluciones técnicas con 3 consejos de tratamiento combinados. El diseño de la casa está separado del suelo, el tragaluz está ubicado en dos posiciones diferentes y las escaleras giran. Estas soluciones ayudan a que la luz y la naturaleza entren en la casa, pero aún así garantizan la privacidad de la sala de estar cuando los vecinos vienen a jugar. La Sala de Padres y la Sala de Niños están en dos plantas diferentes, pero la Escalera y la Planta Dinámica hacen que el movimiento sea más cercano, mientras que la Planta Superior hace que las dos habitaciones se vean entre sí, creando una sensación de armonía y conectando el espacio y las personas.

- Las puertas del dormitorio hacen que el gran sistema de puertas de vidrio se abra al espacio interior del ático para crear ventilación y luz, combinado con cortinas que pueden abrir y cerrar el espacio de manera flexible, consiguiendo una conexión con la naturaleza y el medioambiente. Tanto padres como hijos, cuando lo necesiten, pueden correr la cortina para tener privacidad.

- El interior está diseñado simplemente para crear una sensación de luminosidad y amplitud de la casa. El tono blanco principal está mezclado con un tono madera de mango que aporta una sensación acogedora. La combinación de luz natural y partes verdes que se alternan en el pasillo y el dormitorio crea un equilibrio armonioso para un espacio vacacional donde descansar y trabajar.

- El frente de la casa está ubicado hacia el oeste, por lo que se debe usar un sistema de barras de hierro pintadas de blanco para crear una sensación de ligereza y árboles verdes que reduzcan la presión del sol. Al mismo tiempo, también hay privacidad para los dormitorios ubicados en la parte frontal.

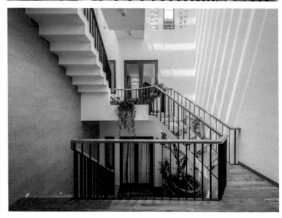

- The front of the house is located to the west, so a white painted iron bar system should be used to create a sense of lightness and green trees to reduce the pressure of the sun. At the same time there is also privacy for the bedrooms located on the front.

- El frente de la casa está ubicado hacia el oeste, por lo que se debe usar un sistema de barras de hierro pintadas de blanco para crear una sensación de ligereza y árboles verdes que reduzcan la presión del sol. Al mismo tiempo, también hay privacidad para los dormitorios ubicados en la parte frontal.

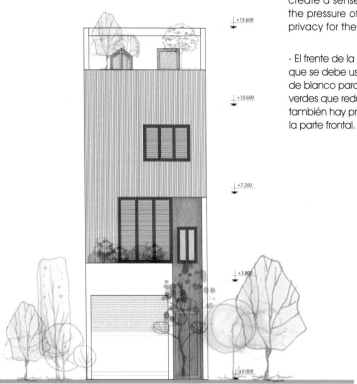

+13.600

+10.600

+7.200

+3.800

±0.000

Elevation

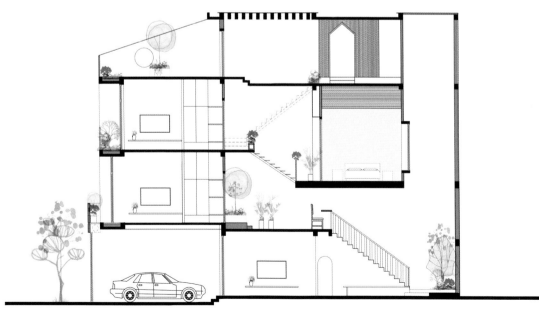

Section

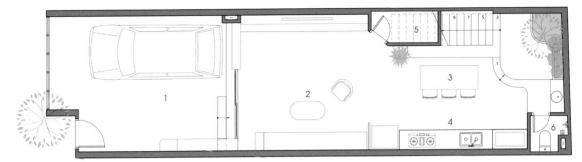

Ground floor plan

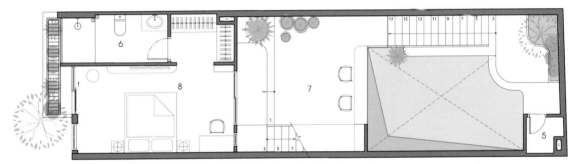

1ST Floor Plan

1. Garage   5. Storage
2. Living   6. WC
3. Dining   7. Common area
4. Kitchen   8. Master bedroom

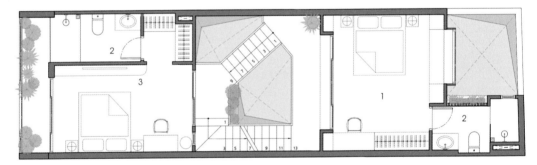

2ND Floor Plan

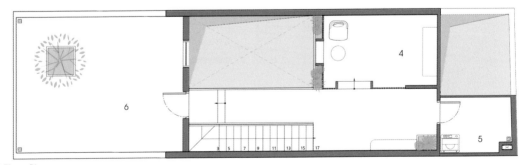

3RD Floor Plan

1. Daughter's bedroom   4. Altar
2. WC   5. Laundry
3. Guest bedroom   6. Rooftop

SPIRAL WINDOW HOUSE

Alphaville Architects

Location Osaka, Japan **Surface area** 81 m² **Photographs** © Kai Nakamura **Website** www.a-ville.net

The starting point for the design of the building was the client's wish to enjoy the views over the Yodo River and to have a raised terrace to watch the annual firework shows held in the vicinity.

The plan proposed a spiral layout developing across three floors and reflected in a succession of openings in the façade, which would expand the house into its surroundings, with its domestic dimension providing the house with enough privacy.

Triangular holes included in the different slabs create an interior pattern which connects the space and gives it continuity, from the entrance hall on the ground floor to the terrace on the upper floor.

A vertical structure based on a steel frame construction on the outer cladding acts as a retaining wall and allows for the special positioning of the windows, which reflect the interior spiral layout.

The bright ascending spiral pattern finishes on the third floor, where we find the children's bedrooms and the small triangular terrace-viewing area requested by the client.

La premisa de partida del diseño de esta vivienda fue el deseo del cliente de disfrutar de vistas sobre el río Yodo y de tener una terraza elevada donde contemplar el concurso anual de fuegos artificiales que allí se celebra.

El proyecto plantea un esquema de distribución en espiral desarrollado en tres plantas y reflejado en la sucesión de aberturas de la fachada, que expanden la vivienda hacia el entorno y cuya dimensión doméstica dota de la necesaria privacidad a la vivienda.

Unos huecos de forma triangular previstos en los diferentes forjados crean un recorrido interior que conecta y da continuidad al espacio, desde el hall de entrada de la planta baja hasta la terraza de la planta superior.

Una estructura vertical a base de marcos de acero en la envolvente exterior actúa como muro portante y permite encajar la especial disposición de las ventanas, que refleja el esquema de distribución en espiral del interior.

El luminoso recorrido ascendente en espiral acaba en la planta tercera, donde se sitúan la habitación de los niños y la pequeña terraza-mirador con forma triangular solicitada por el cliente.

West elevation   East elevation   South elevation   North elevation

Section

1. Entrance
2. Living/Dining/Kitchen
3. Children's room
4. Terrace

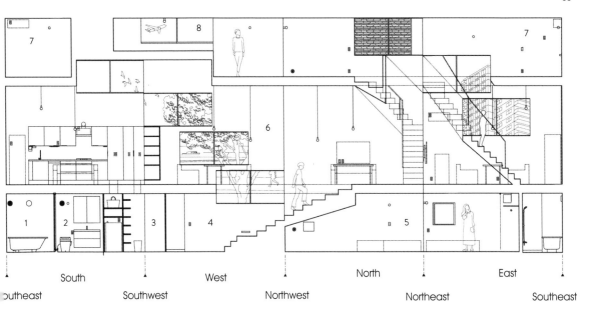

	South		West			North		East	
Southeast		Southwest		Northwest		Northeast		Southeast	

1. Bathroom
2. Toilet
3. Storage
4. Entrance

5. Bedroom
6. Living room
7. Children's room
8. Terrace

GALLEY HOUSE

Reigo & Bauer

Location Toronto Ontario **Surface area** 200 m² **Photographs** © Tom Arban **Design Team** Stephen Bauer, Merike Bauer, Fabian Grieco **Structural Engineer** Blackwell **Construction** JH Reynolds Contracting **Website** www.reigoandbauer.com

Located in Toronto's Roncesvalles neighbourhood, the Galley house challenges conventional notions typical of a semi-detached, Victorian era home, by providing a new rear entry hub, internal connectivity, and abundant natural light within a two-storey volume addition.

The client's desire was to convert their home into a more livable and beautiful space that would suit their family's lifestyle. Merike Bauer, a founding partner of the firm along with Stephen Bauer, explains "We approached that brief by reconsidering two primary elements: the pattern of circulation into the house and access to natural light."

A key feature in the project speaks to Reigo & Bauer's ongoing studies of daylighting all parts of a home. Above the dining room, the subtle tilt of the east facing upper wall, and a cut-away in the second floor, permits the large window above to act as a skylight, flooding the centrally located dining area below with natural light, whilst connecting the upper and lower levels - an unexpected condition in Toronto's Victorian-era homes. Courtesy of slight offsets and subtle sculptural design elements, the natural light reflects off smooth, curved matte white walls throughout, while the upper floor benefits from the newly expanded views afforded by the tilt of the wall & window.

Only freestanding volumes of wall divide spaces on the main level, providing a sense of inter-connectivity throughout the project. Unconventionally, the back of the main level has been given over to a dropped oversized landing, connecting main level, grade and basement. Serving as the primary entry hub to the home, an open concept mud room is tucked in beside the stairwell, where Reigo & Bauer used diamond mesh railings to discretely obscure the coat storage from the main floor space, without obstructing outside views. The extra three feet of height gained from the dropped level has provided the main floor with expanded views to the backyard through floor to ceiling glass.

In addition to addressing core elements of the home's internal redesign, the partners' use of innovative materials and architectural design elements ensure the addition's external façade both contrasts and compliments its neighbouring environment.

Ubicada en el vecindario Roncesvalles de Toronto, la casa Galley desafía las nociones convencionales típicas de una casa adosada de época victoriana, al proporcionar un nuevo centro de entrada trasera, conectividad interna y abundante luz natural dentro de un volumen adicional de dos plantas.

El deseo del cliente era convertir su hogar en un espacio más habitable y bonito que se adaptara al estilo de vida de su familia. Merike Bauer, socia fundadora de la firma junto con Stephen Bauer, explica: "Abordamos ese informe al reconsiderar dos elementos principales: el patrón de circulación en la casa y el acceso a la luz natural".

Una característica clave en el proyecto habla de los estudios en curso de Reigo & Bauer sobre la iluminación natural de todas las partes de una casa. Por encima del comedor, la sutil inclinación de la pared superior orientada al este, y un corte en el segundo piso, permite que la gran ventana de arriba actúe como un tragaluz, inundando el comedor centralmente ubicado debajo con luz natural, mientras conecta el nivel superior e inferior: una característica inesperada en las casas de la época victoriana de Toronto. Cortesía de ligeros desplazamientos y sutiles elementos de diseño escultórico, la luz natural se refleja en paredes blancas mate lisas y curvas, mientras que el piso superior se beneficia de las vistas recientemente ampliadas que ofrece la inclinación de la pared y la ventana.

Solo los volúmenes independientes de paredes dividen los espacios en el nivel principal, lo que proporciona una sensación de interconectividad en todo el proyecto. De forma poco convencional, la parte posterior del nivel principal se ha entregado a un rellano de gran tamaño, conectando el nivel principal, la pendiente y el sótano. Sirviendo como el centro principal de entrada a la casa, una sala de adobe de concepto abierto queda escondida junto al hueco de la escalera, donde Reigo & Bauer utilizó barandillas de malla de diamante para ocultar discretamente el almacenamiento de los abrigos del espacio del piso principal, sin obstruir las vistas exteriores. Los tres pies adicionales de altura obtenidos del nivel caído han proporcionado al piso principal vistas ampliadas al patio trasero a través del cristal que abarca hasta el techo.

Además de abordar los elementos centrales del rediseño interno de la casa, el uso de materiales innovadores y elementos de diseño arquitectónico por parte de los socios aseguran que la ampliación de la fachada externa contraste y complemente su entorno vecino.

For the exterior cladding, Reigo & Bauer sought a contemporary complement to the traditional brick façades of the existing home and its surroundings, opting for a unit-based cladding that would serve the same principal, but in the form of black and white diamond-shaped metal tiles.
The two-tone cladding effectively distinguishes the volumes as stacked layers, rather than giving the impression of a single overarching façade.

The upper and lower volumes are distinguished not only by the contrasting colours, but very subtly by their geometry. A slight 10° degree slope of the upper side window wall is echoed below in a surprising variance from square in the side and rear walls; the offset reinforcing the reading of two stacked volumes.

On the roof of the extension, a sundeck completes the addition, with light industrial fencing that embraces the quality of transparency found throughout the project.

Para el revestimiento exterior, Reigo & Bauer buscó un complemento contemporáneo a las fachadas tradicionales de ladrillo de la casa existente y sus alrededores, optando por un revestimiento basado en unidades, pero con aspecto de tejas de metal en forma de diamante en blanco y negro.
El revestimiento de dos tonos distingue efectivamente los volúmenes como capas apiladas, en lugar de dar la impresión de una fachada única y global.

Los volúmenes superior e inferior se distinguen no solo por los colores contrastantes, sino muy sutilmente por su geometría. Una ligera pendiente de 10° de la pared de la ventana lateral superior se repite a continuación en una sorprendente variación del cuadrado en las paredes laterales y traseras; el desplazamiento refuerza la lectura de dos volúmenes apilados.

En el techo de la extensión, una terraza completa la adición, con cercas industriales ligeras que abarcan la calidad de transparencia que se encuentra en todo el proyecto.

KIBA TOKYO RESIDENCE
SAKAE Architects & Engineers

Location KIBA Tokyo, Japan **Photographs** © Koji Fujii / Yuichi Higurashi **Design Cooperation** Hiroshi Sakaguchi
Structural Design Hiroshi Takeda **Website** www. reigoandbauer.com

*KIBA: Name of a place. "KI" means wood, and "BA" means town.

The capability of a small residential building within a city. Tokyo has been witnessing deterioration problems lately with old buildings, as well as excessive open spaces on small sites. In fact, many properties have been wiped out by urban renewal. For this project, the firm endeavored to explore the possibilities for developing a small residence on a small site in the center of Tokyo.

In order to adapt a variety of lifestyles to the city, as well as to maximize the potential of the small building, the firm designed the structure with multiple lifestyle spaces, despite the size restrictions of the site. The result is the creation of three different types of housings in a single building: Single-dweller residences (Type A), housing for couples (Type B) and accommodations for families with children (Type C). Despite the relatively small size of the building, the achievement of different types of housing contributes to a sense of community within the heart of the city.

Re-creating the landscape of Edo Tokyo KIBA. As for the site itself, due to the vastness of the land, with access to water in the center of Edo Tokyo, numerous lumber retailers historically stored their lumber in front of the structure, including some leaned up against the main entrance of KIBA. However, as most of the businesses migrated to the New-KIBA location in 1981, that original landscape has changed. With that in mind, the facade of the building was designed to reflect the image of the original KIBA landscape, with a focus on two distinct characteristics: its latticework and wooden louver. The design of the grid windows and sashes is derived from Kouraiya latticework, one of the most iconic latticework styles of the Edo period. The wooden louver recalls the original landscape of KIBA, when lumber still leaned vertically against the entrance of a retail shop.
KIBA Tokyo Residence. The firm's approach to the interior and exterior design of the building took all of the aforementioned factors into account, with a focus on creating a small residential complex in a city, while endeavouring to re-create the landscape of Edo Tokyo KIBA.

*KIBA: Nombre de un lugar. "KI" significa madera y "BA" significa pueblo.

La capacidad de un pequeño edificio residenciul dentro de una ciudad. Tokio ha estado experimentando problemas de deterioro últimamente con edificios antiguos, así como espacios abiertos excesivos en sitios pequeños. De hecho, muchas propiedades han sido eliminadas por la renovación urbana. Para este proyecto, la firma se esforzó por explorar las posibilidades de desarrollar una pequeña residencia en el centro de Tokio.

Para adaptar una variedad de estilos de vida a la ciudad, así como maximizar el potencial del pequeño edificio, la firma diseñó la estructura con múltiples espacios de estilo de vida, a pesar de las restricciones de tamaño del sitio. El resultado es la creación de tres tipologías diferentes de viviendas en un mismo edificio: Residencias de un solo habitante (Tipo A), viviendas para parejas (Tipo B) y alojamientos para familias con niños (Tipo C). A pesar del tamaño relativamente pequeño del edificio, el logro de diferentes tipos de vivienda contribuye a un sentido de comunidad dentro del corazón de la ciudad.

Recreando el paisaje de Edo Tokyo KIBA. En cuanto al sitio en sí, debido a la inmensidad del terreno, con acceso al agua en el centro de Edo Tokio, históricamente numerosos minoristas de madera almacenaron su madera frente a la estructura, incluidos algunos apoyados contra la entrada principal de KIBA. Sin embargo, como la mayoría de las empresas migraron a la ubicación de New-KIBA en 1981, ese panorama original cambió. Con eso en mente, la fachada del edificio fue diseñada para reflejar la imagen del paisaje original de KIBA, con un enfoque en dos características distintas: su celosía y persiana de madera. El diseño de las ventanas y marcos de rejilla se deriva de la celosía de Kouraiya, uno de los estilos de celosía más icónicos del período Edo. La persiana de madera recuerda el paisaje original de KIBA, cuando la madera aún se apoyaba verticalmente contra la entrada de una tienda minorista.
Residencia KIBA Tokio. El enfoque de la firma para el diseño interior y exterior del edificio tuvo en cuenta todos los factores antes mencionados, con un enfoque en la creación de un pequeño complejo residencial en una ciudad, mientras se esforzaba por recrear el paisaje de Edo Tokyo KIBA.

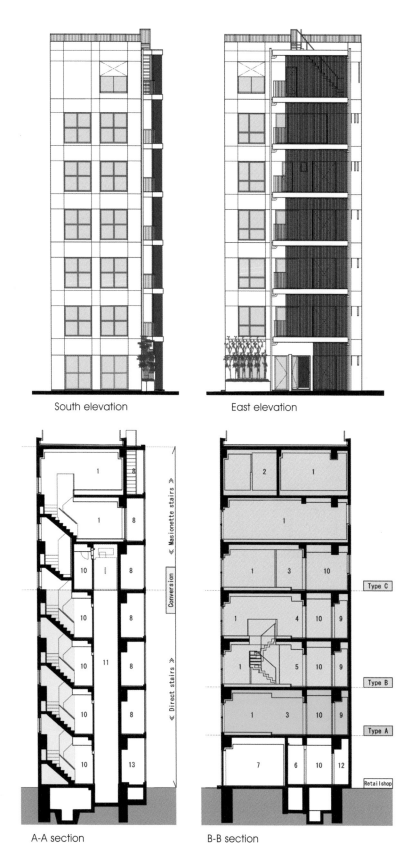

South elevation

East elevation

A-A section

B-B section

Type A

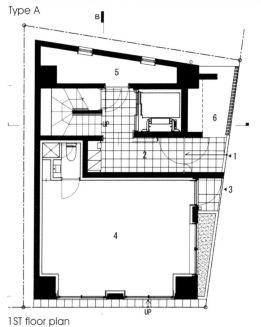

1ST floor plan

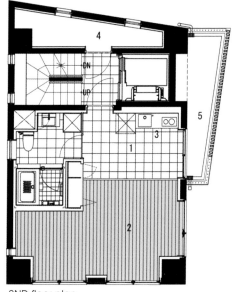

2ND floor plan

1. Residence entrance
2. Entrance corridor
3. Retail shop entrance
4. Retail shop
5. Machine room
6. Bicycle parking

1. Entrance
2. Free space
3. Kitchen
4. Private service room

Type B

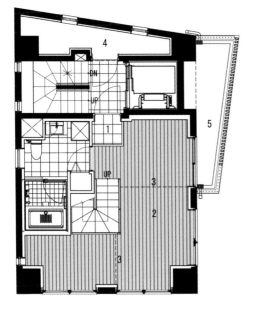
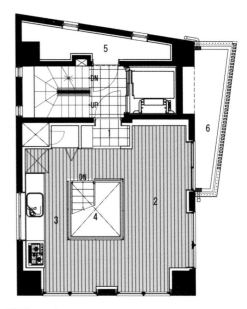

3RD floor plan

1. Sub entrance
2. Free space
3. Free partition
4. Private service room
5. Balcony

4TH floor plan

1. Main entrance
2. Free space
3. Kitchen
4. Void
5. Private service room
6. Balcony

Type C

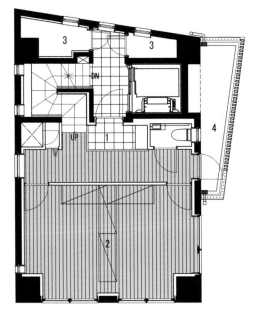

5TH floor plan

1. Entrance
2. Free space
3. Storage room
4. Balcony

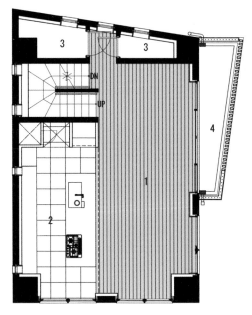

6TH floor plan

1. Free space
2. Kitchen
3. Storage room
4. Balcony

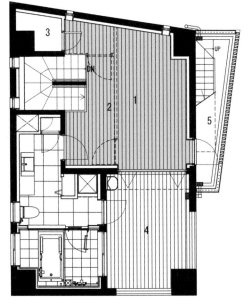

7TH floor plan

1. Free space
2. Free partition
3. Storage room
4. Wooden deck

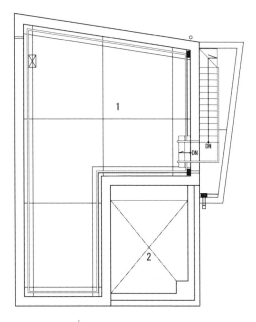

Roof floor plan

CASAMIRADOR
Gisele Borges Architecture

Location Belo Horizonte, Brazil Photographs © Borges Architecture Project Manager Ulisses Mikhail Itokawa
Project Team: Acoustics Opus Website www.giseleborges.arq.br

The CASAMIRADOR Savassi residential building, completed In 2021, is located in Belo Horizonte, Minas Gerais, Brazil, and features boldly designed architecture that stands out in the local landscape. The building has 14 lofts and 24 studios, and is spread over nine floors in a construction located on a narrow lot, with a width of 12.7 meters. The challenge of its volumetric mathematics, to respect distances, was one of the factors that influenced non-obvious decisions resulting in architecture created with its own identity.

The interdependence between the building's structure and the architectural project enabled great creative freedom, culminating in the most prominent element: a second skin that "wears" the building like a garment, giving it unique characteristics. The material used was aluminum, painted in an earthy reddish sepia tone that alludes to the abundance in Minas Gerais of raw ore.

In order to obtain lightness and transparency, the aluminum sheets received perforations in different sizes, and were made in an asymmetrical, yet harmonic way. That process makes it possible to see through them from the inside out, where city views are exposed through the skin. However, from the outside looking in, it isn't possible to see the interior, guaranteeing privacy to the resident. This element also made it possible to explore a rich range of effects, from hiding smaller, functional windows, to tearing the skin to expose the large spans. Conceived as generous openings, these windows allow the city to become an extension of the house, with abundant light and ventilation. The concrete frames of the openings contrast with the predominant oxidized color.

The skin covering the building also provides thermal comfort to the units. Away from the masonry, it provides shading of the fences and good ventilation through a mattress of renewable air. From that perspective, sustainability guided a large part of the project's choices. Due to the reduced dimensions of the land, and minimal rooftop space for installing equipment or photovoltaic panels, it was necessary to find a solution that would avoid the entry of heat, to the detriment of an air conditioning project.

El edificio residencial CASAMIRADOR Savassi, terminado en 2021, está ubicado en Belo Horizonte, Minas Gerais, Brasil, y presenta una arquitectura de diseño audaz que destaca en el paisaje local. El edificio cuenta con 14 lofts y 24 estudios, y se distribuye en nueve pisos en una construcción ubicada en una parcela angosta, con un ancho de 12,7 metros. El desafío de su matemática volumétrica, de respetar las distancias, fue uno de los factores que influyó en decisiones (no tan obvias) que dieron como resultado una arquitectura creada con identidad propia.

La interdependencia entre la estructura del edificio y el proyecto arquitectónico permitió una gran libertad creativa, culminando en el elemento más destacado: una segunda piel que "viste" el edificio como una prenda, dándole características únicas. El material utilizado fue el aluminio, pintado en un tono sepia rojizo terroso que alude a la abundancia de mineral en bruto en Minas Gerais.

Para obtener ligereza y transparencia, las láminas de aluminio recibieron perforaciones de diferentes tamaños y se realizaron de forma asimétrica pero armónica. Ese proceso hace posible ver a través de ellas desde adentro hacia afuera, donde las vistas de la ciudad se exponen a través de la piel. Sin embargo, desde el exterior no es posible ver el interior, lo que garantiza la privacidad del residente. Este elemento también hizo posible explorar una rica gama de efectos, desde ocultar ventanas más pequeñas y funcionales hasta rasgar la piel para exponer los grandes espacios. Concebidas como generosas aberturas, estas ventanas permiten que la ciudad se convierta en una extensión de la casa, con abundante luz y ventilación. Los marcos de hormigón de los vanos contrastan con el color oxidado predominante.

La piel que recubre el edificio también proporciona confort térmico a las unidades. Lejos de la mampostería, proporciona sombra a las vallas y una buena ventilación a través de un colchón de aire renovable. Desde esa perspectiva, la sostenibilidad guió gran parte de las elecciones del proyecto. Debido a las reducidas dimensiones del terreno, y al mínimo espacio en azotea para instalar equipos o paneles fotovoltaicos, era necesario buscar una solución que evitara la entrada de calor, en detrimento de un proyecto de climatización.

The building's pyramidal shape, which is the result of staggering, also made it possible to allocate technical areas on the external face of the masonry, as well as on the internal face of the skin, ensuring a clean and unadorned plastic.

Another highlight of the project concerns the challenge of placing the pyramid on the ground, touching the land lightly at a single point. Under the influence of Brazilian architect, Oscar Niemeyer, a "V"-shaped pillar was created, which is widely used in his works.

Finally, to ensure flatness on the facades, the sheets were bent on all four sides, thus increasing their rigidity. Although the sheets were randomly perforated, the joints were aligned and the volume was harmonious, several studies were carried out until the final fixing model produced an alignment of the slabs and the midpoint of each floor. The study ensured optimization in the secondary structure for fixing the plates: there are only three horizontal profiles per floor, and the upper and lower profiles were also combined to fix the plates of the adjacent floors.

The final plastic is the result of a marriage between covering sheets, frames, and structure. There are three elements that alternate on the facades with greater or lesser relevance of the skin, ensuring a clean and unadorned plastic.

La forma piramidal del edificio, resultado del escalonamiento, también permitió la asignación de áreas técnicas en la cara externa de la mampostería, así como en la cara interna de la piel, asegurando una limpieza plástica y sin adornos.

Otro punto destacado del proyecto es el desafío de colocar la pirámide en el suelo, tocando la tierra ligeramente en un solo punto. Bajo la influencia del arquitecto brasileño Oscar Niemeyer, se creó un pilar en forma de "V", muy utilizado en sus obras.

Finalmente, para garantizar la planitud en las fachadas, las láminas se doblaron por los cuatro costados, aumentando así su rigidez. Si bien las láminas se perforaron al azar, las juntas se alinearon y el volumen quedó armónico; se realizaron varios estudios hasta que el modelo de fijación final produjo una alineación de las losas y el punto medio de cada piso. El estudio aseguró la optimización en la estructura secundaria para la fijación de las placas: solo hay tres perfiles horizontales por piso, y los perfiles superior e inferior también se combinaron para fijar las placas de los pisos adyacentes.

El plástico final es el resultado de un matrimonio entre láminas de revestimiento, marcos y estructura. Hay tres elementos que se alternan en las fachadas con mayor o menor relevancia para la piel, asegurando una plástica limpia y sin adornos.

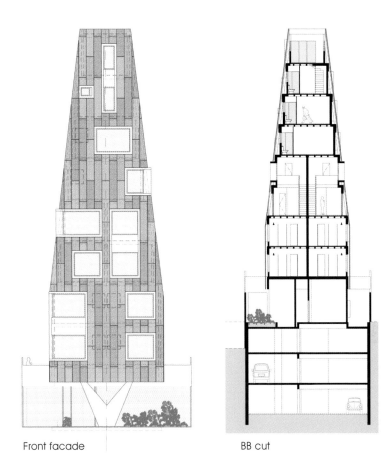

Front facade

BB cut

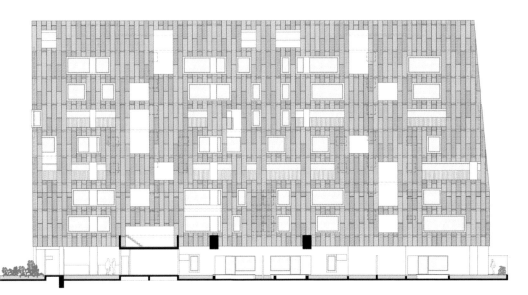

Right side facade

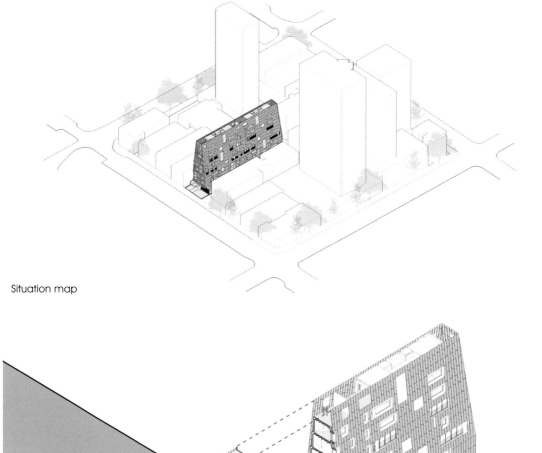

Situation map

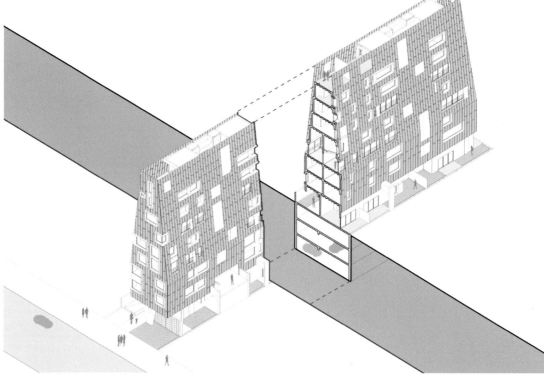

Isometry

HIGH PARK RESIDENCE
Batay-Csorba Architects

Location Toronto, Canada **Surface area** 325 m² **Photographs** © Doublespace Photography
Website www.batay-csorba.com

In the chaos of life today a home needs to be a place of refuge, a solitude for the homeowners to retreat to. Built for an Italian couple, the design pays homage both to the clients' Italian heritage and that of the Toronto residential building fabric, while ensuring a sensitivity towards wellbeing, mobility, and convenience.

The design of the Pacific project is born from the homeowners' values and traditions where the comforts of their past are now viscerally felt within their present-day lives. The vault, in its many permutations, is one of the most common archetypes of ancient Roman architecture, characterized by its powerful modulation of light and its sense of lightness.

In adopting this typology into a domestic space, the architects evolved the vault from its primary form, puncturing, cutting, and peeling it into new geometries that help to distribute light and air into key locations, respond to program organization, demarcating each with a different atmosphere, and create a sectional continuity throughout the house. In carrying sacred content from the homeowner's past into the present they are transported into another time and place, full of stories, meaning, and memories that become their refuge.

The vault geometry extends the length of the lot, informing a relationship between the façade and the interior. From the exterior, the brick vault is a subtraction from the otherwise monolithic brick frontage. This monolithic façade is created through a focus on the rich materiality of the brick coursing, and the isolated dormer which mirrors the proportions of the neighboring house. The brickwork that covers the façade and wraps the ceiling and walls of the carport plays into Toronto's history of masonry detailing. The tradition of brick in Toronto's residential fabric dates back to the 19th century when Toronto's stock of Victorian houses was built. In these houses, ornamental detail presents itself in single isolated moments of brick coursing located above apertures, along with corners, and at cornices.

En el caos de la vida actual, una casa necesita ser un lugar de refugio, un espacio de soledad al que los propietarios se retiren. Construida para una pareja italiana, el diseño rinde homenaje tanto a la herencia italiana de los clientes como a la del tejido de edificios residenciales de Toronto, al tiempo que garantiza una sensibilidad hacia el bienestar, la movilidad y la comodidad.

El diseño del proyecto Pacific nace de los valores y tradiciones de los propietarios donde las comodidades de su pasado ahora se palpan visceralmente en su vida actual. La bóveda, en sus múltiples permutaciones, es uno de los arquetipos más comunes de la arquitectura romana antigua, caracterizada por su poderosa modulación de la luz y su sensación de ligereza.

Al adoptar esta tipología en un espacio doméstico, los arquitectos evolucionaron la bóveda desde su forma original, perforando, cortando y despegando en nuevas geometrías que ayudan a distribuir la luz y el aire en lugares clave, respondiendo a la organización del programa, demarcando cada uno con una atmósfera diferente, y creando una continuidad seccional en toda la casa. Al traer el contenido sagrado del pasado del dueño de casa al presente, se ven transportados a otro tiempo y lugar, llenos de historias, significado y recuerdos que se convierten en su refugio.

La geometría de la bóveda se extiende a lo largo del lote, aportando una conexión entre la fachada y el interior. Desde el exterior, la bóveda de ladrillo es una sustracción de la fachada de ladrillo monolítica. Esta fachada monolítica se crea a través de un enfoque en la rica materialidad del ladrillo y la buhardilla aislada que refleja las proporciones de la casa vecina. El ladrillo que cubre la fachada y envuelve el techo y las paredes de la cochera juega con la historia de los detalles de mampostería de Toronto. La tradición del ladrillo en el tejido residencial de Toronto se remonta al siglo XIX, cuando se construyó el parque de casas victorianas de Toronto. En estas casas, los detalles ornamentales se presentan en momentos aislados de hileras de ladrillo ubicadas sobre las aberturas, junto con las esquinas y las cornisas.

The architects took this singular moment of ornamentation and blew it up. The front of the home is reduced to a monolithic façade – where single repetitive material ornamentation, an adaptation of the Flemish-bond, becomes an even but textured brickfield placing emphasis on the vaulted profile. This field of patterning emphasizes a play of light and shadow and picks up on seasonal changes. In the summer, the protrusions texture the façade with stark shadows, and in the winter the texture transforms through bricks creating shelves for the snow to fall on.

Los arquitectos tomaron este singular momento de ornamentación y lo ampliaron. El frente de la casa se reduce a una fachada monolítica, donde la ornamentación de un solo material repetitivo - una adaptación del aparejo flamenco - se convierte en un campo de ladrillo uniforme pero texturizado que enfatiza el perfil abovedado. Este campo de patrones enfatiza un juego de luces y sombras y capta los cambios estacionales. En verano, las protuberancias texturizan la fachada con sombras marcadas, y en invierno la textura se transforma a través de ladrillos, que crean repisas para que caiga la nieve.

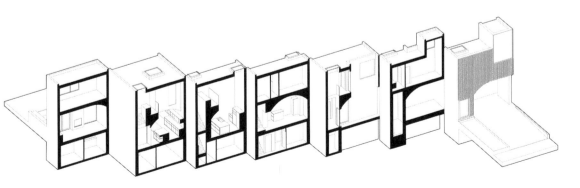

Axonometry diagram

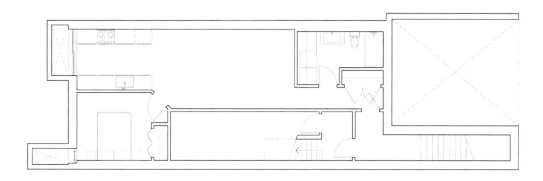

Basement plan

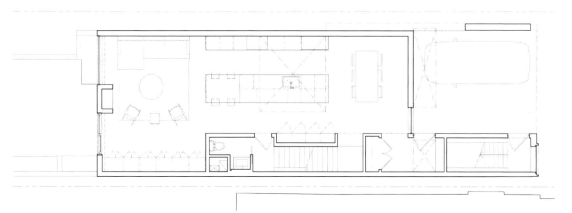

First floor plan

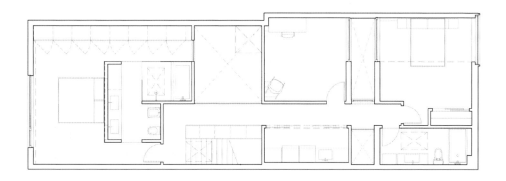

Second floor plan

Vaulted porches are also a prevalent form in Toronto's Victorian housing stock. Toronto's residential streets are often punctuated by front porches (rather than garages) to create a transitional space between the street and the home. In the case of Pacific Residence, the carved carport creates an inverted porch, which creates an introverted presence on the street. A lightwell that cuts through the height of the building is placed at the depth of the carport, washing the deep space with light, pulling visitors towards the entry. This armored space is turned inward and perceived as private, creating an intimate entry procession.

To emphasize the project's geometric simplicity, all circulation, services, and entry conditions are tucked into a linear bar that runs adjacent to the vault. Upon entering the house, visitors begin in a compressed service 'bar', which then opens into the ground floor's expansive and airy living spaces. Throughout the length of the ground floor, the barrel vault's persistent geometry connects these living spaces, accentuating the client's desire for connectivity in food preparation, eating, and socializing.

While the barrel vault brings these spaces together, moments of articulation and relief are found through tangential peels and cuts in the vaulted ceiling. The vault remains intact in the dining room, is cut at the length of the kitchen, becomes intact again in the living room, and then unfolds and peels into the backyard. This spatially delineates connected spaces, while also providing natural light to flood into the deep and narrow lot. Situated in the middle of a long floorplan, the kitchen opens and is flooded with natural light from a skylight above.

Los porches abovedados también son una forma frecuente en las viviendas victorianas de Toronto. Las calles residenciales de Toronto a menudo están marcadas por porches delanteros (en lugar de garajes) para crear un espacio de transición entre la calle y el hogar. En el caso de la residencia Pacific, la cochera tallada crea un porche invertido, lo que aporta una presencia introvertida en la calle. Un pozo de luz que atraviesa la altura del edificio se coloca en la profundidad de la cochera, bañando el espacio profundo con luz y atrayendo a los visitantes hacia la entrada. Este espacio blindado se mete hacia adentro y se percibe como privado, creando una procesión de entrada íntima.

Para enfatizar la simplicidad geométrica del proyecto, todas las condiciones de circulación, servicios y entrada están metidas en una barra lineal que corre adyacente a la bóveda. Al entrar en la casa, los visitantes se topan con una zona de servicio que posteriormente se abre a los amplios y aireados espacios habitables de la planta baja. A lo largo de la planta baja, la geometría persistente de la bóveda de cañón conecta estos espacios habitables, acentuando el deseo del cliente de conectividad en la preparación de alimentos, comer y socializar.

Si bien la bóveda de cañón une estos espacios, los momentos de articulación y desahogo se encuentran a través de desprendimientos y cortes tangenciales en el techo abovedado. La bóveda permanece intacta en el comedor, se corta a lo largo de la cocina, vuelve a estar intacta en la sala de estar y luego se abre de nuevo hasta el patio trasero. Esto delinea espacialmente los espacios conectados, al tiempo que proporciona luz natural para inundar el lote profundo y angosto. Situada en medio de un plano de planta largo, la cocina se abre y se inunda de luz natural desde un tragaluz en la parte superior.

While the ground floor remains unimpeded and connected, the second floor is sliced into rooms connected by bridges. This allows for rooms to be stacked in a narrow lot with natural daylight reaching each room and the ground floor below. On this floor, the services of the laundry room, bathroom, and stairs are also tucked into the 'bar', while the bedroom, study, and master suite are stacked from the front to the back of the house. The slice between the bedroom and study allows both rooms to share natural daylight brought in from the lightwell and the façade's dormer window. The master suite is lit from both the house's back façade and the skylight above the kitchen.

Mientras que la planta baja permanece sin obstáculos y conectada, la segunda planta está dividida en habitaciones conectadas por puentes. Esto permite que las habitaciones se apilen en un lote angosto con luz natural que llega a cada habitación y a la planta que se encuentra por debajo. En esta planta, la lavandería, el baño y las escaleras también están ubicados en una misma zona, mientras que el dormitorio, el estudio y la suite principal se apilan desde el frente hacia la parte trasera de la casa. El corte entre el dormitorio y el estudio permite que ambas habitaciones compartan la luz natural que entra desde el pozo de luz y la ventana abuhardillada de la fachada. La suite principal está iluminada tanto desde la fachada trasera de la casa como desde el tragaluz que hay sobre la cocina.

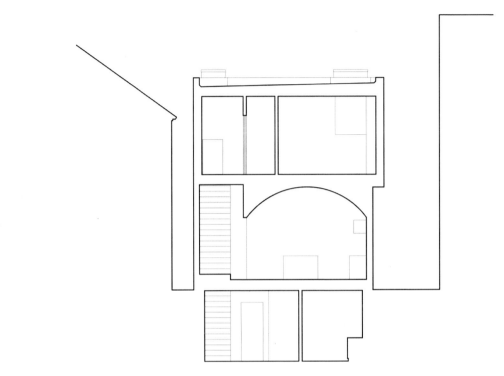

Section plan

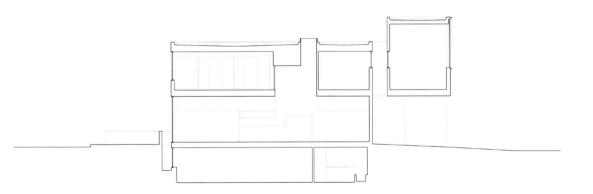

Longitudinal section

KLEINE BLEIBE
Fröhlich Gassner Architekten

Location Montabaur-Reckenthal, Germany Photographs © Célia Uhalde Website www.f-g-architekten.de

The central idea of the project is to promote a simple and sustainable way of spending holidays in dialogue with nature. The design of each house is unique and contains compositional elements that integrate it into its surroundings. The wooden houses sit on a solid concrete base, with the black wooden cladding on the façades paying homage to the traditional building style of the village centre where Kleine Bleibe is located.

The houses have a robust and at the same time resource-optimised construction method. Walls, façades, insulation, ceilings, roofs and even the furniture are made of wood. The floors are made of solid wood or polished concrete.

The personal and timeless architecture of these holiday homes is distinguished by careful but discreet details, high-quality materials and a purist appearance that radiates what you want to find inside: peace and balance.

La idea central del proyecto es promover una forma sencilla y sostenible de pasar las vacaciones en diálogo con la naturaleza. El diseño de cada casa es único y contiene elementos compositivos que la integran en su entorno. Las casas de madera se asientan sobre una sólida base de hormigón, con el revestimiento de madera negra de las fachadas rindiendo homenaje al estilo de construcción tradicional del centro del pueblo donde se encuentra Kleine Bleibe.

Las casas tienen un método de construcción robusto y, al mismo tiempo, que optimiza los recursos. Paredes, fachadas, aislamiento, techos, tejados e incluso el mobiliario son de madera. Los suelos son de madera maciza u hormigón pulido.

La arquitectura personal y atemporal de estas casas de vacaciones se caracteriza por detalles cuidados pero discretos, materiales de alta calidad y un aspecto purista que irradia lo que se desea encontrar en su interior: paz y equilibrio

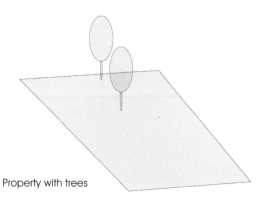

Property with trees

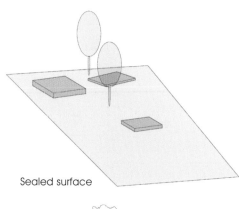

Sealed surface

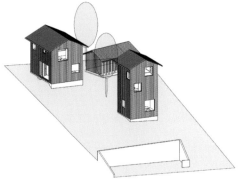

Positioning of the structure

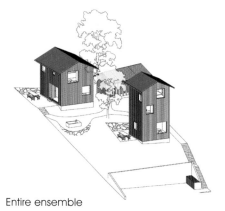

Entire ensemble

Elevation

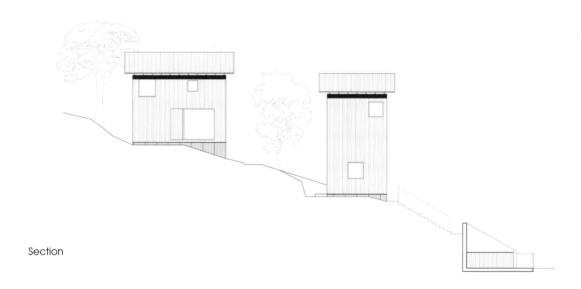

Section

Roof plan

Second floor plan

Upper floor plan

Ground floor plan

MINIMUM HOUSE IN TOYOTA
Nori Architects

Location Aichi, Japan **Photographs** © Jumpei Suzuki **Website** www.norihisakawashima.jp

The project proposes a prototype of urban housing in a time of environmental crisis, open to the inside (family) and the outside (city), full of light, wind and natural materials. Situated on a long, narrow site, this three-storey house is built using a timber structure that integrates a system of plywood walls and steel braces that are highly resistant to earthquakes.

The limited budget led to a reduced combination of low-priced materials and equipment. A warm, open, wood-filled space was created, eliminating interior finishes and exposing the structure, foundation, piping and wiring. The exterior skin and mechanical equipment were designed to ensure year-round comfort and energy efficiency.

The subsoil was regenerated to encourage water and air movement by digging vertical trenches and holes and burying organic materials.

El proyecto propone un prototipo de vivienda urbana en una época de crisis medioambiental, abierta al interior (familia) y al exterior (ciudad), llena de luz, viento y materiales naturales. Situada en un solar largo y estrecho, esta casa de tres niveles se levanta mediante una estructura de madera que integra un sistema de muros de contrachapado y tirantes de acero de gran resistencia frente a los terremotos.

El limitado presupuesto condujo a una combinación reducida de materiales y equipos de bajo precio. Se creó un espacio abierto y cálido, lleno de madera, que elimina los acabados interiores y deja al descubierto la estructura, la base, las tuberías y el cableado. La piel exterior y los equipos mecánicos se diseñaron para garantizar el confort y la eficiencia energética durante todo el año.

El subsuelo se regeneró para favorecer el movimiento del agua y del aire excavando zanjas y agujeros verticales y enterrando materiales orgánicos.

Second floor plan

1. Veranda
2. Bedroom
3. Kid'sroom
4. Void

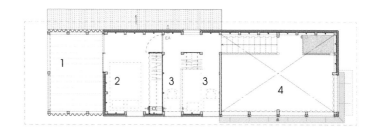

First floor plan

1. Void
2. Livingroom

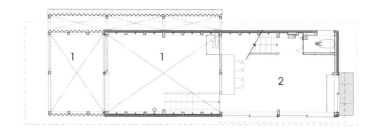

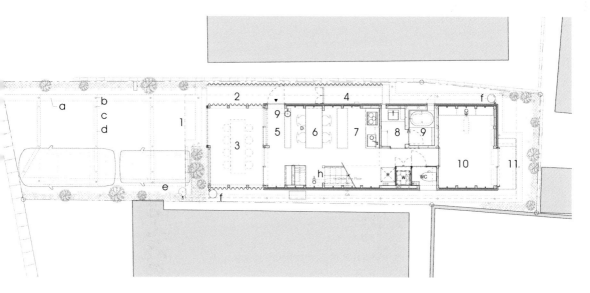

Ground floor plan

1. Front garden
2. Porch
3. Terrace
4. Storage
5. Entrance
6. Dining room
7. Kitchen
8. Changing room
9. Bathroom
10. Multipurpose room
11. Rear garden

a. trench 0,3m in depth
b. Vertical hole 1.2m in depth
c. Vertical hole 0.6m in depth
d. V-cut
e. Faucet
f. Rainwater collection tank
g. Sink
h. To under the floor

Exterior section

1. Topsoil level: GL -100
2. Topsoil level: GL -20
3. Vertical hole $\varnothing$ = 30-40 mm H=300mm@600mm Stuffing rice husk smoked Charcoal and straw
4. Topsoil level: GL +60
5. V-cut: W=200mm Connecting with trench Bamboo charcoal straw, fallen leaves
6. Verticalhole150$\varnothing$ Bamboo without diaphragm $\varnothing$ = 100 mm H= 600 mm @ 1,820 mm
7. Woodchip Single-grain crushed stone no. 4 = 100 mm Ricehusksmokedcharcoalandstraw
8. Soil is cut in steps without gradient and gradient is made by using single-grain crushed stone no. 1
9. Plantingareat=300 $\varnothing$400mm Alternate layers of bamboo charcoal/straw and fallen levels/soil
10. Topsoillevel:GL+140
11. Trench Single-grain crushed stone no.1 alternately laminated with bamboo charcoal and straw
12. Verticalhole150$\varnothing$ Bamboo without diaphragm wrapped with straw
$\varnothing$ = 100 mm l= 1,200 mm @ 1,820 mm Fill the gap with rice husksmoked Charcoal and bamboo charcoal

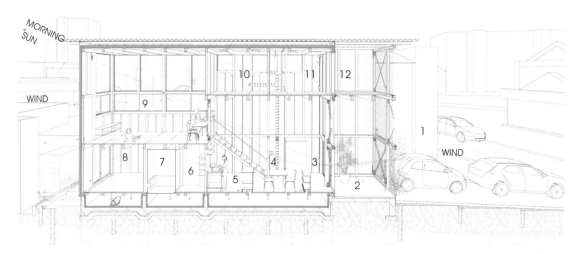

Longitudinal section

1. Front garden
2. Terrace
3. Entrance
4. Dining room
5. Kitchen
6. Changing room
7. Bathroom
8. Multipurpose room
9. Living room
10. Kid's room
11. Bedroom
12. Veranda

Cross section

1. Bedroom
2. Tobedroom and kid's room A
3. To kid's room B
4. Livingroom
5. OA (tounder the floor)

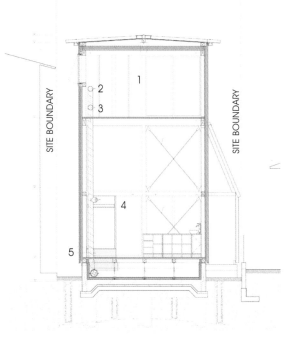

BRONX BOX

Resolution: 4 Architecture. Joseph Tanney, Robert Luntz

Location District Binh Tan, Ho Chi Minh city, Vietnam **Surface area** 72 m² **Photographs** © RES4
Website www.re4a.com

The house is clad in cement board with Ipe wood decks to keep maintenance issues at a minimum and to reflect similar colours and textures of the neighbourhood.

The Bronx Box takes advantage of the efficiencies of off-site construction, holds itself to LEED for Homes standards and has been accepted as another unique personality in its Bronx neighbourhood.

The Single Bar Series provides the most economical and efficient solution within the Modern Modular line of prefabricated homes. Within a compact single unit, the home contains two well-sized bedrooms with ample storage space.

Through use of an inverted pitched roof, the bar opens to its surroundings, providing natural light throughout the house.

La vivienda está revestida con tablones de cemento y madera de Ipé para reducir al mínimo el mantenimiento y reflejar de una manera similar los colores y texturas del vecindario.

La Bronx Box saca provecho de la eficacia de la construcción en fábrica, respeta el sistema de certificación LEED (Liderazgo en Diseño de Energía y Medio Ambiente) de viviendas y ha sido bien aceptada por su personalidad única en el vecindario del Bronx.

La serie Single Bar (un módulo) ofrece la solución más económica y eficaz dentro de la línea Modern Modular de casas prefabricadas. Con una unidad individual compacta, la vivienda contiene dos dormitorios de buen tamaño con amplio espacio de almacenamiento.

Mediante un tejado a dos aguas invertido, el módulo se abre al entorno, proporcionando luz natural a toda la casa.

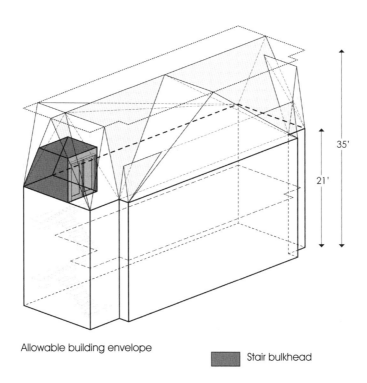

Allowable building envelope

Stair bulkhead

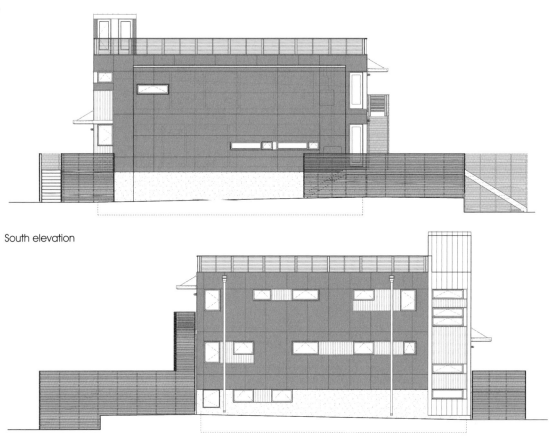

South elevation

North elevation

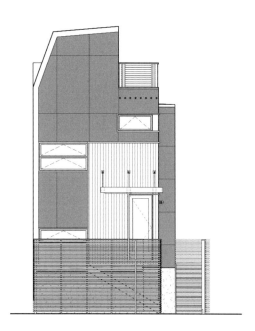

West elevation

East elevation

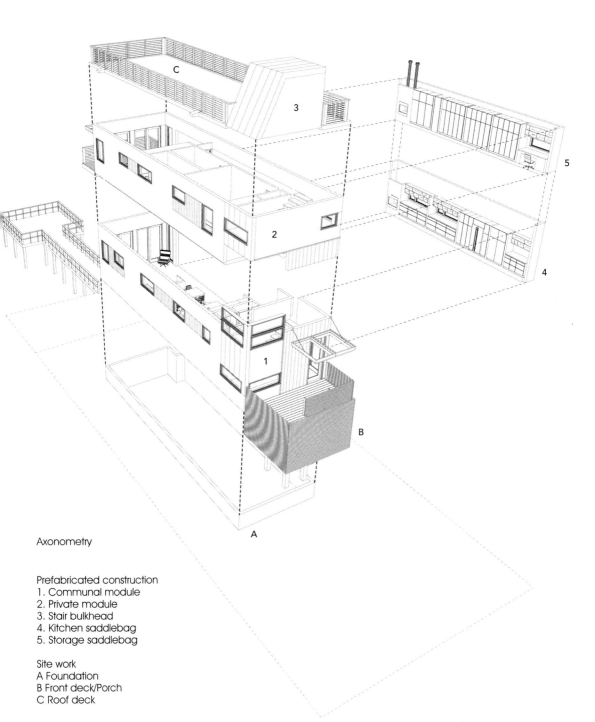

Axonometry

Prefabricated construction
1. Communal module
2. Private module
3. Stair bulkhead
4. Kitchen saddlebag
5. Storage saddlebag

Site work
A Foundation
B Front deck/Porch
C Roof deck

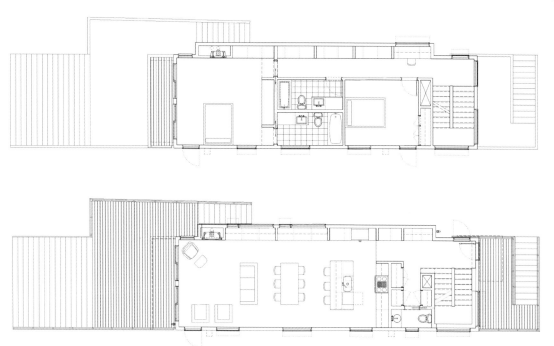

Floor plans

TAMATSU HOUSE
Ido, Kenji Architectural Studio

Location Osaka, Japan **Surface area** 94,5 m² **Photographs** © Yohei Sasakura
Website www.kenjiido.com

This three storey house, designed for a couple with two children, is in an urban setting where small houses, factories and offices unhappily coexist. As the adjacent buildings are so close, they block a great deal of natural light and so the main aim of the renovations was to ensure that the communal areas (living room, dining room and kitchen) were as spacious as possible, without pillars or dividing walls to ensure that light flowed freely through the space.

The layout of the house was designed around the client's lifestyle, with the ground floor housing the main bedroom and the wet zones, the communal areas on the first floor and the children's bedrooms on the second floor.

The client requested the family room (living area, dining area and kitchen) to be as large as possible without pillars or road-bearing walls, the dispersed road-bearing walls were gathered, both sides of the building were used as the double walls of road-bearing walls.

The skylight in the upper section of the double space lets light into the first floor, where the living room, kitchen and dining room are located, bathing the area in natural light.

The uneven floor and the polished concrete counter clearly define the different atmospheres without the need for walls or partitions, creating a bright space where the light flows unhindered.

Esta vivienda de tres plantas, diseñada para una pareja con dos hijos, está ubicada en un entorno urbano donde pequeñas casas, fábricas y oficinas coexisten sin ninguna armonía. Al estar los edificios adyacentes tan próximos, era difícil el paso de luz natural al interior de la misma; por ello, al abordar su reforma, una premisa principal fue conseguir que el área de las zonas comunes —sala de estar, comedor y cocina— fuera lo más amplia posible y sin pilares ni tabiques para conseguir que la luz fluyera libremente por el espacio.

La distribución de la vivienda se ideó acorde a estilo de vida del cliente: así la planta baja alberga el dormitorio principal y las zonas húmedas, la primera, las zonas comunes y la segunda, los dormitorios de los hijos.

El cliente solicitó que el espacio familiar (sala de estar, comedor y cocina) fuera lo más grande posible sin pilares o muros de carga, estos muros dispersos se juntaron, y ambos lados del edificio se usaron como paredes dobles utilizando esos muros de carga.

La claraboya, situada en la sección superior del doble espacio, permite la entrada de luz natural, que baña de claridad la primera planta donde se encuentran la sala de estar, la cocina y el comedor.

El desnivel en el suelo y el mostrador de cemento pulido definen claramente los diferentes ambientes sin necesidad de paredes o tabiques, permitiendo crear un espacio diáfano donde la luz fluye sin obstáculos.

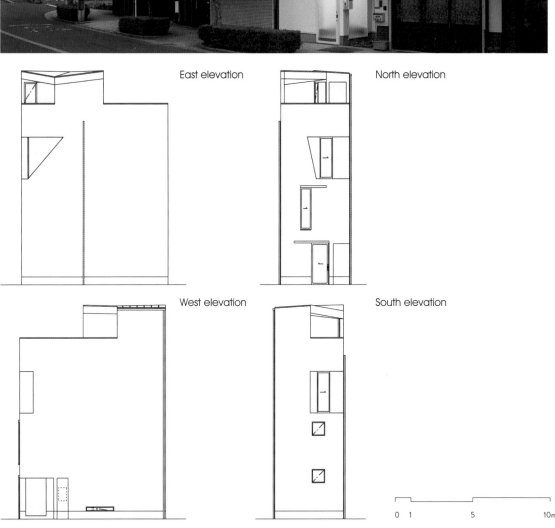

East elevation

North elevation

West elevation

South elevation

0 1 5 10m

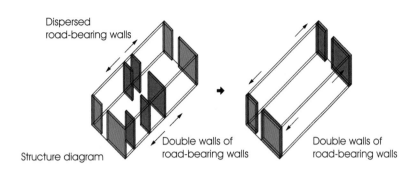

Dispersed
road-bearing walls

Structure diagram

Double walls of
road-bearing walls

Double walls of
road-bearing walls

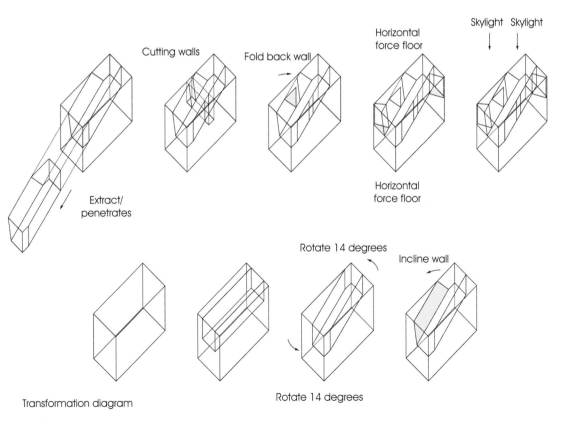

Cutting walls

Fold back wall

Horizontal
force floor

Skylight   Skylight

Extract/
penetrates

Horizontal
force floor

Rotate 14 degrees

Incline wall

Transformation diagram

Rotate 14 degrees

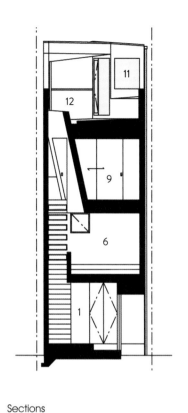

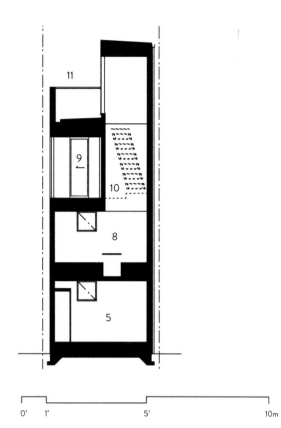

Sections

0' 1'   5'   10m

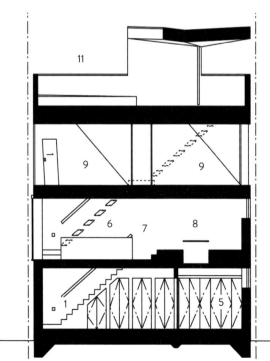

1. Entrance
2. Bicycle storage
3. Toilet
4. Bathroom
5. Parent's bedroom
6. Kitchen
7. Dining area
8. Living area
9. Children's bedroom
10. Void
11. Terrace
12. Skylight

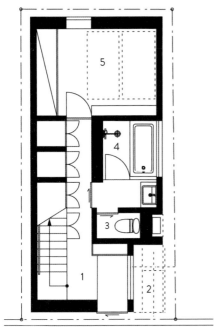

Ground floor plan

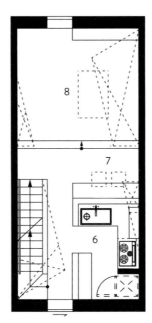

First floor plan

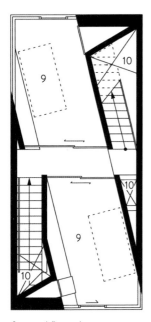

Second floor plan

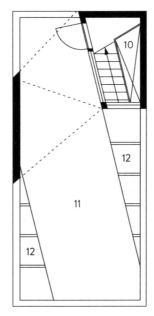

Roof plan

1. Entrance
2. Bicycle storage
3. Toilet
4. Bathroom
5. Parent's bedroom
6. Kitchen
7. Dining area
8. Living area
9. Children's bedroom
10. Void
11. Terrace
12. Skylight

SMALL HOUSE WITH FLOATING TREE HOUSE
Yuki Miyamoto Architect

Location Tokyo, Japan **Surface area** 69 m² **Photographs** © Masayoshi Ishii, Yuki Miyamoto

The design of this house reflects the client's love of outdoor activitles; the attic comprises two tree houses, which serve as a play area for the children and almost seems to float above the living room.

The main concept is to maximise the use of natural resources -sunlight, wind and vegetation- to avoid depending too much on technology.

The floor plans of the house form a zigzag, designed to provide views of a cherry tree as well as the green surroundings and to take advantage of the cool breeze. This special design also provides more visual depth and width to the space than a rectangular floor plan.

The open-plan design and carefully positioned windows ensure plenty of light as well as good ventilation and therefore energy efficiency.

El diseño de esta vivienda refleja la preferencia de su dueño por las actividades al aire libre: el ático alberga dos casitas de árbol, que son zonas de juego para niños y parecen flotar sobre la zona de estar.

El concepto fundamental es maximizar el uso de las recursos naturales –luz solar, viento y vegetación– para evitar depender en exceso de la tecnología.

El plano de la casa dibuja un zigzag, diseñado con el objetivo de disfrutar de las vistas de un cerezo, así como del verdor exterior y aprovechar la entrada de brisa fresca. Además, este especial diseño proporciona visualmente más profundidad y amplitud al espacio que un plano rectangular.

La apertura de planos y las ventanas cuidadosamente ubicadas aseguran una gran entrada de luz así como una eficaz ventilación y, por consiguiente, una gran eficiencia energética.

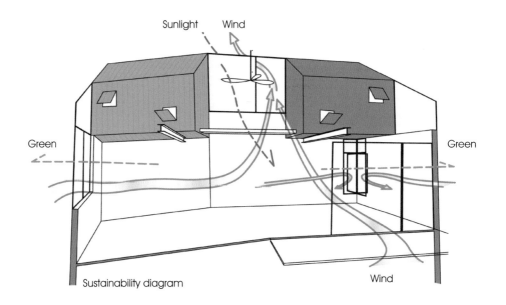

Sunlight   Wind

Green   Green

Wind

Sustainability diagram

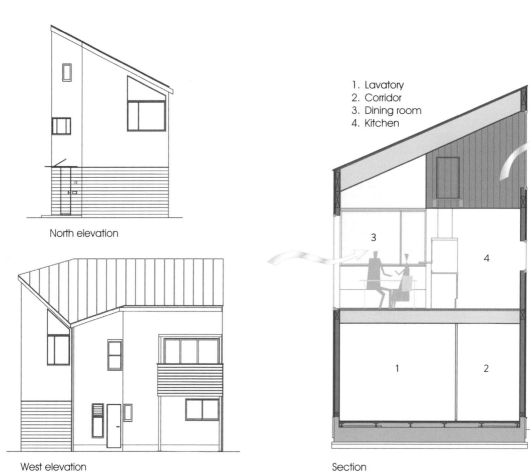

North elevation

1. Lavatory
2. Corridor
3. Dining room
4. Kitchen

West elevation

Section

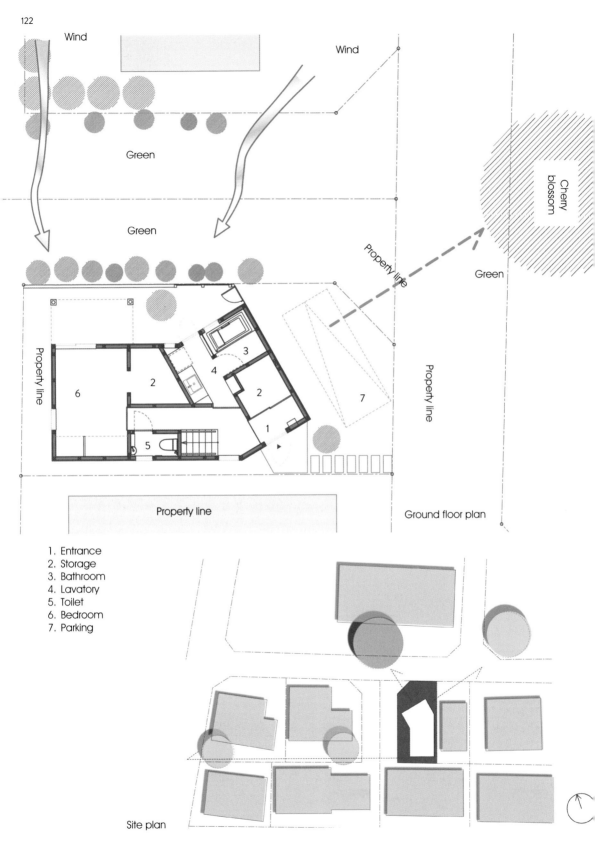

Wind

Wind

Green

Cherry blossom

Green

Green

Property line

Property line

Property line

Property line

3

4

2

2

6

5

1

7

Ground floor plan

1. Entrance
2. Storage
3. Bathroom
4. Lavatory
5. Toilet
6. Bedroom
7. Parking

Site plan

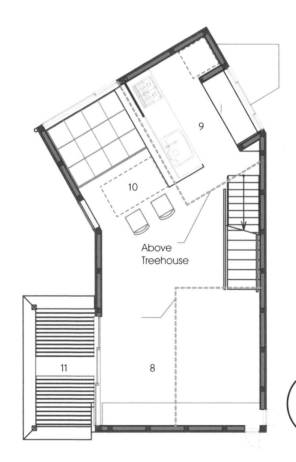

First floor plan

8. Living room
9. Kitchen
10. Dining room
11. Balcony

HOUSE 1
Modernest Architects

Location Toronto, Ontario, Canada **Surface area** 116 m² **Photographs** © Steven Evans

This house sits on a narrow plot in a pretty street with mature trees and modest hundred-year-old houses. The house is a rectangular volume, nestled between the neighbouring houses and constructed to respect the urban context.

Clad in a skin of natural dark wood and with large windows, the set back entrance forms an inviting outer covered lobby. At the back, the second floor projects out over the first, creating a charming covered terrace. A basement with a bedroom, bathroom and utility room, completes the house.

The character of the house is defined by a modern aesthetic using a simple palette of natural materials, innovative details and a strategic use of colour.

The high ceilings and open plan create a sense of space in the communal areas. The large windows and glass doors extend up to the ceiling and provide a link to the outside.

The interior layout is based around an open staircase which reinforces the house's modern and minimalist aesthetic, with the glass covering providing the space with a sense of light.

The large bedroom window acts as a frame for a view of a 150-year-old ash tree, symbol of the neighbourhood and the crown of which extends over the top of the house.

Esta vivienda se asienta en un estrecho solar de una preciosa calle con árboles maduros y modestas casas centenarias. La casa, un volumen rectangular enclavado entre las casas vecinas, se ha construido respetando su contexto urbano.

Revestida en una piel negra de madera natural y con grandes ventanales, su entrada retranqueada forma un vestíbulo exterior cubierto que invita a entrar. En su parte trasera, la segunda planta se proyecta mas allá de la primera, creándose una acogedora terraza cubierta. Un sótano —con una habitación, un cuarto de baño y lavadero— completa el programa de esta vivienda.

El carácter de esta casa se define por una estética moderna que emplea una paleta simple de materiales naturales, detalles innovadores y un estratégico empleo del color.

Los techos altos y el plano abierto crean sensación de amplitud en la zonas comunes. Las grandes ventanas y puertas de cristal se extienden hasta el techo y proporcionan una fuerte conexión con el paisaje exterior.

La distribución interior se articula alrededor de una escalera abierta que refuerza la estética moderna y minimalista de la casa y cuya cubierta acristalada aporta luminosidad al espacio.

Como si de un cuadro se tratase, la gran ventana del dormitorio enmarca la vista a un fresno de 150 años, signo de identidad del vecindario, cuya copa se extiende por encima de la casa.

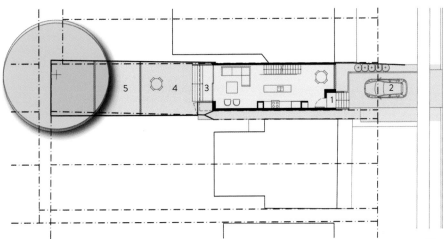

Site plan
1. Front entrance
2. Parking
3. Back deck
4. Outdoor dining
5. Rear yard

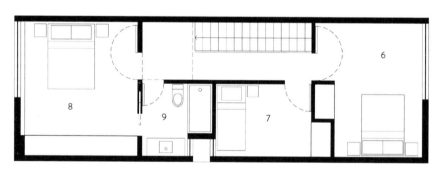

First floor plan

1. Front entrance
2. Dining room
3. Kitchen
4. Living room
5. Back deck
6. Bedroom 1
7. Bedroom 2
8. Master bedroom
9. Bathroom
10. Den
11. Rec room
12. Bathroom
13. Laundry
14. Utility room

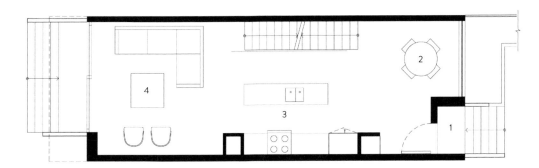

Ground floor plan

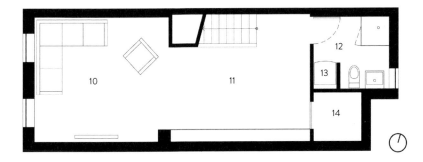

Basement

B HOUSE
I. HOUSE Architecture and Construction Jsc.

Location Ho Chi Minh City, Vietnam **Surface area** 82.5 m² **Photographs** © Le Canh Van, Vu Ngoc Ha
Website www.ihouse.vn

In the same way as many houses in Vietnam, this house was exposed to external elements like dust, noise and heat. As a result, the owner wanted a more active space in the interior, with green zones to create an open space inside the house which would foster interaction among the members of the family.

Other initial requirements were to prioritise natural light and ventilation, respect the owner's culture and way of life, use locally sourced, environmentally friendly materials and lastly, create an office space. To achieve all this, the proposal was for a "double skin" house. The outer wall was made from hollow bricks to allow the wind, light and rain through and behind this was a green area with trees to filter the dust and reduce noise and heat, turning the house into a natural space. After this came the internal skin, with large glass panels to provide privacy without isolating the inhabitants from the outside.

A space was created for all the different generations to communicate: a swing for the children, a garden for the parents and grandparents, where they could relax and tend the plants and a kitchen to demonstrate their culinary skills.

The design solutions in this house—the trees, the glass covering which can be opened and the holes in the façade—allow the light and fresh air to permeate all areas of the house and create important energy savings.

Al igual que otras casas en Vietnam, esta estaba expuesta a agentes externos como el polvo, el ruido y el calor. Por esta razón, su dueño buscaba un espacio más activo en su interior con zonas verdes; crear un espacio abierto en el interior que propiciara la interacción entre los miembros de la familia.

Otros requisitos iniciales eran dar prioridad a la luz natural y a la ventilación, respetar la cultura y forma de vida del dueño, usar materiales locales y que respetaran el medio ambiente y, por último, reservar un pequeño espacio como oficina. Para ello se propuso un diseño de "casa de doble piel": la externa, una pared con ladrillos huecos que permiten el paso del viento, la luz y la lluvia, tras la cual un un espacio con verdes árboles filtra el polvo y reduce el ruido y el calor en la casa convirtiéndola en un espacio natural. Después, la piel interna, con amplios paneles de cristal que dan intimidad pero sin aislarles del exterior.

Se creó un espacio donde todas las generaciones pueden comunicarse entre sí: el columpio para los más pequeños, el jardín para los padres y abuelos, donde relajarse y cuidar los árboles, y la cocina donde mostrar las habilidades culinarias.

Gracias a las soluciones de diseño de la casa —los árboles, la cubierta de cristal practicable así como los huecos de la fachada— se consigue que la luz y el aire fresco natural lleguen a todos los rincones, lo cual supone un importante ahorro energético.

Section

1. Office lobby
2. Office
3. Barringtonia racemosa area
4. Kitchen
5. Back trees area
6. Trees area
7. Living room
8. Corridor bridge
9. Small bedroom 1
10. Void
11. Master bedroom
12. Altar room
13. Flat roof
14. Fix glass roof

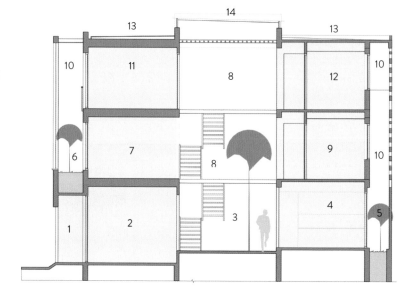

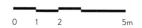

0 1 2   5m

Sustainability diagram

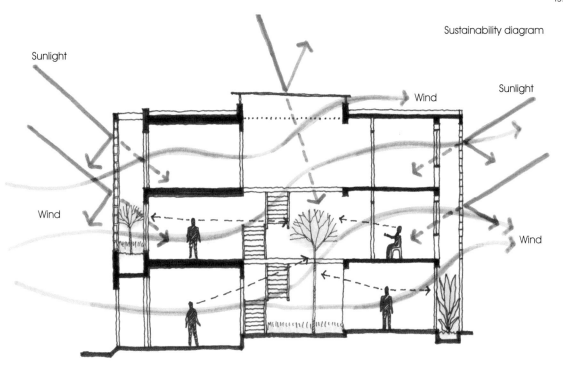

Sunlight

Sunlight

Wind

Wind

Wind

Wind

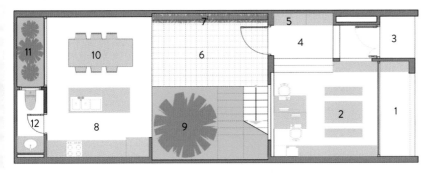

Ground floor plan

First floor plan

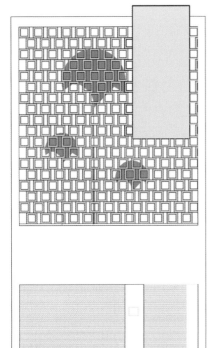

Elevation

1. Office lobby
2. Office
3. Side lobby
4. House lobby
5. Shoes cabinets
6. Inside yard
7. Bamboos
8. Kitchen area
9. Barringtonia racemosa area
10. Dining area
11. Back trees area
12. Toilet
13. Corridor bridge
14. Void
15. Living room
16. Toilet
17. Trees area
18. Small bedroom 1
19. Small bedroom 2
20. Master bedroom
21. Walk-in closet
22. Laundry room
23. Altar room
24. Drying area
25. Storage
26. Fix glass roof
27. Sliding glass roof
28. Flat roof
29. Water tank
30. Roof hole